Chris Wright no solo es un brillante académico sino también un gran comunicador. Es uno de esos pocos oradores, pensadores y autores que pueden estar a caballo entre lo académico y lo accesible sin comprometer ninguna de las dos cosas. Sus muchas exposiciones de libros bíblicos son un regalo y esta no decepciona. Eclesiastés habla de nuestros días de maneras excepcionalmente poderosas, pero, como ocurre con la vida, no siempre es fácil de entender. Chris ayuda al lector a seguir el viaje del 'Predicador' mientras lucha con los enigmas de la vida. El cristiano laico y el predicador encontrarán en este libro un recurso maravilloso, al igual que cualquiera que esté luchando con el significado de la vida. ¡No puedo dejar de recomendarlo!

RDO. DR CRAIG G. BARTHOLOMEW,
director del Kirby Laing Centre of
Public Theology de Cambridge

Esta reflexión sobre Eclesiastés es otro regalo de Christopher Wright para la iglesia. Con su habilidad característica, Wright ofrece a los lectores una exposición clara de un libro bíblico desafiante que está lleno de ideas prácticas basadas en una sólida erudición y una amplia experiencia de vida. Teológicamente sensible y de tono pastoral, este volumen es una guía maravillosa para afrontar las complejidades de la vida con fe en Dios.

M. DANIEL CARROLL R. (RODAS),
Scripture Press Ministries
Profesor de Biblical Studies and Pedagogy,
Wheaton College y Graduate School

En *Cómo leer Eclesiastés*, Chris Wright invita a los lectores a recorrer los giros y vueltas del viaje de Qohélet en Eclesiastés, y demuestra ser un guía sabio y útil para quienes aceptan la invitación. Chris presenta a Qohélet como una persona de fe que conoce a Dios y cómo se supone que es el mundo y, sin embargo, que siente personalmente lo insondable y doloroso que es la experiencia vivida. Chris cree correctamente y demuestra acertadamente que la experiencia de Qohélet y el mensaje del libro son sorprendentemente relevantes para muchos que hoy se hacen preguntas difíciles sobre la fe y la vida.

DAVE BELDMAN,
profesor asociado de estudios bíblicos,
Centro de Missional Training Center en Arizona

CÓMO -leer- ECLESIASTÉS

Cuestionando la fe en un mundo desconcertante

Christopher J. H. Wright

EDITORIAL CLIE
C/ Ferrocarril, 8
08232 Viladecavalls
(Barcelona) ESPAÑA
E-mail: clie@clie.es
http://www.clie.es

Publicado originalmente en inglés bajo el título *Hearing the Message of Ecclesiastes*. Copyright © 2023 por Christopher J. H. Wright. Publicado bajo permiso de Zondervan, Grand Rapids, Michigan.

«*Cualquier forma de reproducción, distribución, comunicación pública o transformación de esta obra solo puede ser realizada con la autorización de sus titulares, salvo excepción prevista por la ley. Diríjase a CEDRO (Centro Español de Derechos Reprográficos) si necesita fotocopiar o escanear algún fragmento de esta obra (www.conlicencia.com; 917 021 970 / 932 720 447)*».

Todas las citas bíblicas, a menos que se indique lo contrario, se han tomado de la Santa Biblia, NUEVA VERSIÓN INTERNACIONAL® NVI® © 1999, 2015, 2022 por Biblica, Inc.®, Inc.® Usado con permiso de Biblica, Inc.®

© 2025 por Editorial CLIE para la edición en español.

CÓMO LEER LOS ECLESIASTÉS
ISBN: 978-84-19779-60-1
Depósito legal: B 6558-2025
Estudios bíblicos
Antiguo Testamento - Poesía y literatura sapiencial
REL006740

Impreso en Estados Unidos de América / *Printed in the United States of America*

Dedicatoria

A los campistas de Cornerstone

ÍNDICE

Prefacio 9
Introducción 13

I   ¿Tiene algún sentido la vida?
    Eclesiastés 1:1-2:26 25
    El desafío de la vida (1:1-3) 25
    La circularidad de la vida (1:4-11) 31
    La vida a examen (1:12-2:11) 34
    ¡Odio la vida! (2:12-23) 45
    ¡Ama la vida! (2:24-26) 50

II   Los misterios del tiempo y la injusticia
    Eclesiastés 3:1-4:3 55
    El misterio del tiempo y la
      eternidad (3:1-15) 56
    El escándalo de la injusticia
      (3:16-22; 4:1-3) 65

III Ambigüedades del trabajo, la política, la adoración y la riqueza

Eclesiastés 4:4-6:12 81
El trabajo: puede ser destructivo para el
  alma (4:4-12) 82
La política: puede ser transitoria
  (4:13-16; 5:8-9) 88
La adoración: sus peligros (5:1-7) 92
La riqueza: puede ser incierta (5:10-6:12) 108

IV La hora más oscura

Eclesiastés 7:1-9:16 111
La sabiduría es inescrutable (7:1-29) 112
La vida es inexplicable (8:1-17) 131
La muerte es ineludible (9:1-12) 138
La sabiduría cuestionada (9:13-16) 148

V Alégrate y recuerda

Eclesiastés 9:17-12:14 151
"Dos maneras de vivir": ¿sabiduría o
  necedad? Sí, pero... (9:17-11:6) 152
"Dos maneras de vivir": alégrate y recuerda.
  ¡Por supuesto que sí! (11:7-12:7) 161
La última palabra del narrador (12:8-14) 170

Conclusión **177**

Índice de Escrituras..**185**

Índice temático...**191**

PREFACIO

El primer libro que publiqué, agotado hace mucho tiempo, incluía un pequeño comentario —más o menos— sobre Eclesiastés. Era un comentario de estudio bíblico de la Unión Bíblica sobre *Proverbios – Isaías 39* (Londres: Unión Bíblica, 1983). Poco después de su publicación, un amigo me dijo que todavía era cristiano solo debido a Eclesiastés, el libro bíblico, como comprenderás, no mi comentario. Me dijo que "había llegado al punto de una desesperación casi suicida ante lo absurdo de la vida en general. Luego leí Eclesiastés y me di cuenta de que decía exactamente lo que yo pensaba. Entonces pensé: 'Si Dios le permitió decir esas cosas y que estén realmente en la Biblia, tal vez valga la pena esperar un poco más'". Probablemente no sea el único que ha encontrado que Eclesiastés es el libro más despiadadamente honesto con el que se han topado y han podido aferrarse a su fe como lo hace el libro mismo.

Leyendo mi pequeño comentario casi cuarenta años después, me siento aliviado al descubrir que todavía estoy de acuerdo conmigo mismo. En aquel entonces, esto es lo que escribí:

> Eclesiastés lleva la tensión hasta el límite de la incomodidad... entre una visión de lo que el mundo debería ser, con la justicia prosperando y la maldad confundida, y la observación del mundo tal cual es, con sus injusticias y absurdos. La primera es la voz de la fe en el carácter y las promesas de Dios; la segunda es la voz de la dura experiencia. Y es la fuerza con la que se sostiene la fe en la revelación de Dios la que produce esa agonía sobre la situación del mundo. El mundo no plantea ningún gran problema moral para el ateo, ¿por qué habría de ser diferente de lo que es?; o para el politeísta, ¿qué más se puede esperar de un caos de dioses rivales? Pero para quien acepta la revelación de un Dios único, bueno y soberano, es un misterio. (p. 50).

Ahora bien, soy muy consciente de que hay muchas y variadas maneras de leer Eclesiastés y una plétora de comentarios que las defienden. Hay diferentes puntos de vista sobre cuántas voces hablan en él; si las voces están de acuerdo o en desacuerdo entre sí; lo que el autor "realmente intenta decir"; si existe alguna estructuración deliberada; si existe un trasfondo histórico definido para el libro y, si es así, cuál es; etcétera. No he intentado discutir ni resolver ninguna de estas cuestiones. Simplemente quiero acompañar al autor en su peregrinación bastante serpenteante, en el caso que sea una peregrinación.

Reconozco felizmente que mi enfoque depende en gran medida del de Craig Bartholomew,[1] ya que me convence ampliamente su manera de entender el libro como un viaje o investigación, donde su personaje principal trata de entender el significado de la vida hasta donde puede llegar con las herramientas de su propia observación empírica y la razón. Es una

---

[1] Craig C. Bartholomew, *Eclesiastés*, Comentario de Baker sobre la sabiduría y los salmos del Antiguo Testamento (Grand Rapids: Baker Academic, 2009).

búsqueda que lo lleva a algunos callejones sin salida, pero también a algunos momentos de notable conocimiento. Y es una búsqueda que eventualmente culmina en algunas reflexiones positivas y palabras de consejo, sin resolver satisfactoriamente algunas de sus preguntas más difíciles, para las cuales necesitamos el resto de la historia bíblica y su revelación más completa.

Con respecto a este complejo libro de la literatura sapiencial del Antiguo Testamento, sería una estupidez decir que esta es la "buena", la "mejor" o la "única" forma de entender Eclesiastés, cosa que no hago. Lo único que puedo decir es que me ha resultado útil imaginarme acompañando al escritor en su investigación. Es una búsqueda que tiene algunos giros y vueltas desconcertantes y es, en ocasiones, un *callejón sin salida* total, pero que aun así llega al final del viaje. El libro llega a una conclusión que, aunque incompleta en sí misma, encuentro ampliamente positiva cuando se la analiza a la luz de toda la narrativa bíblica.

Agradezco a All Souls Church, Langham Place de Londres, por invitarme a comenzar cada día del campamento de verano de la iglesia –"Cornerstone"– en agosto de 2017 con exposiciones de Eclesiastés, que los alegres campistas denunciaban diariamente como "¡Vanidad! ¡vanidad de vanidades!", a quienes absuelvo con esta dedicatoria. Este libro es sustancialmente una ampliación de lo que aporté en aquel evento.

De algún modo, el mensaje de Eclesiastés parece abiertamente actual, desafiante y extrañamente tranquilizador cuando sometemos nuestra fe a preguntas que la ponen a prueba, como lo hizo Qohélet, en un mundo que todavía nos resulta tan desconcertante como lo fue para él.

Chris Wright
Verano 2021

INTRODUCCIÓN

"And I think to myself, 'What a wonderful world!" (¡Y pienso para mis adentros: ¡Qué mundo tan maravilloso!)". La clásica canción de Louis Armstrong resuena en nuestros corazones cada vez que nos encontramos con todo aquello que él cita en la letra: árboles verdes, rosas rojas, cielos azules, nubes blancas, los colores del arco iris, amigos que se saludan, niños que crecen y aprenden... Es cierto, cada una de estas cosas son maravillosas a su manera, desde la inmensidad de la creación hasta las pequeñas alegrías de la infancia. No son solo un sentimiento. Es la respuesta oportuna llena de gratitud por tantas cosas que nos inundan de placer y asombro, que nos son dadas a través del mundo en que vivimos. Y si somos cristianos, podemos cantarla al mismísimo Dios Creador junto con los salmistas: "¡Qué mundo tan maravilloso!".

Pero hay veces, demasiadas quizá, en que otras canciones hablan de nuestro estado de ánimo de forma más triste: como Bob Dylan, *"Everything is broken...* (Todo está roto)" o Leonard Cohen, *"There is a crack, a crack in everithing; that's how the light gets in,* (Hay una grieta, una grieta en todo; así es como entra la luz)". Y el salmista también puede cantar esas mismas canciones, con nosotros y para nosotros.

> Sálvanos, Señor, que ya no hay gente fiel;[2]
> Entre los seres humanos ya no hay en quien confiar.
> No hacen sino mentirse unos a otros;
> sus labios son aduladores e hipócritas. (Sal 12:1-2).
> ¿Hasta cuándo he de atormentar mi mente con preocupaciones
> y he de sufrir cada día en mi corazón?
> ¿Hasta cuándo el enemigo triunfará sobre mí? (Sal 13:2).

Cuántas veces he visto las noticias sobre la última atrocidad sangrienta, terrible accidente o desastre natural, o me he afligido por el sufrimiento de los pobres de la tierra junto a la arrogancia de los extremadamente ricos, o me he enfurecido por la hipocresía y corrupción de nuestros líderes políticos y he pensado: "¡Qué mundo tan terrible!". ¡Qué mundo más loco, injusto, miserable, violento, cruel y desconcertante!

Pero soy un creyente cristiano, y parte de mi fe es que este es el mundo de Dios. ¿No debería eso facilitar las cosas? En realidad, solo las hace más difíciles, ya que, si Dios es un Dios de poder soberano y de amor, como dice la Biblia, ¿cómo, entonces, hemos llegado a un mundo como este?

Hace años escribí un libro titulado *The God I Don't Understand. Reflecting on Tough Questions of Faith* (El Dios que no entiendo: reflexiones sobre cuestiones difíciles de la fe).[3] En él trataba ciertas cosas negativas que son difíciles de entender

---

[2] El autor utiliza normalmente la Biblia *New International Version* (NIV). En la traducción de este libro usaremos su equivalente, es decir, la NVI; cuando sea necesario se utilizarán también aquellas versiones que más se le aproximen, haciendo notar sus siglas de identificación correspondientes.

[3] Christopher J. H. Wright, *The God I Don't Understand: Reflecting on Tough Questions of Faith* (Grand Rapids: Zondervan, 2008).

en relación con Dios, como el problema del sufrimiento, el mal y la violencia en el Antiguo Testamento; y también cosas positivas en las que depositamos nuestra confianza y esperanza sin poder afirmar que las comprendemos plenamente, como la cruz de Cristo y el destino futuro de nuestro universo. El libro debatía algunas cuestiones sin pretender responder a todas con argumentos convincentes y soluciones claras. Ni mucho menos. Este libro también es un debate abierto. Pero esta vez voy acompañado. He reclutado al escritor del libro de Eclesiastés y a su protagonista –cuyo nombre, *Qohélet*, explicaré en un momento– para un viaje en el que la fe va a ser puesta en cuestión. Ambos proceden de la comunidad de sabios del Israel del Antiguo Testamento, tradición que también nos ha legado los libros de Proverbios y Job. Eran hombres y mujeres cuyas voces eran muy distintas de las de los profetas. La sabiduría y la profecía eran reconocidas en Israel como dos de las tres formas válidas pero diferentes de recibir la verdad de Dios. La tercera era la enseñanza de los sacerdotes. Este trío de voces "autorizadas" fue identificado por los enemigos de Jeremías, que consideraron que matarlo –un profeta menos– no haría mucha mella en la disponibilidad de enseñanza divina.

> Ellos dijeron: «Vamos, tramemos un plan contra Jeremías. Porque no le faltará la ley *al sacerdote*, ni el consejo *al sabio*, ni la palabra *al profeta*». (Jr 18:18; la cursiva es mía).

Los sabios hablaban con una perspicacia derivada de la experiencia y la reflexión racional. Los profetas lo hacían con percepciones más directas recibidas de Dios. Pero ambos se esforzaban y luchaban sin descanso con los angustiosos desafíos del mundo que veían a su alrededor. Algunas de las cuestiones a las que nos enfrentamos en el Eclesiastés se reflejan en los conflictos de Jeremías o Habacuc, mientras agonizaban sobre el significado de las palabras y acciones de Dios en un mundo que no podían comprender del todo. Igual que nosotros. Tanto la sabiduría como la profecía nos dan permiso para hacer preguntas difíciles, al igual que muchos de los Salmos (p. ej., "¿Hasta cuándo, Señor?").

LA FE CUESTIONADA

"La fe cuestionada". Esta última palabra es deliberadamente ambigua, ya sea la fe su objeto –si preguntamos a nuestra fe– o su sujeto –una fe lo bastante fuerte como para hacer preguntas complejas. No me cabe la menor duda de que Qohélet era una persona de fe, creyente en el Dios de Israel. Pero su fe podía lanzar preguntas difíciles: poner en cuestión a Dios y poner en cuestión la sabiduría recibida de su propio pueblo. Y al mismo tiempo, atreverse a cuestionar la fe misma, a plantear la pregunta incómoda y desafiante: "Si crees que Dios es de esa manera, ¿cómo puede ser el mundo de esta otra? En otras palabras, Qohélet permite que la fe se haga preguntas y plantea preguntas a la fe misma.

Y lo hace precisamente porque hay muchas cosas en el mundo que no siempre son "maravillosas", sino más bien desconcertantes y perturbadoras. Es un mundo que Qohélet dice que no puede entender porque está lleno de enigmas inexplicables, resultados injustos y del agujero negro de la muerte que parece conseguir que incluso las mejores cosas de la vida carezcan de sentido y significado. Y sin embargo... sigue siendo un mundo bueno y maravilloso en el que trabajamos, comemos, bebemos, disfrutamos de la vida, hacemos el amor... y todo ante un Dios sonriente. ¿Cómo pueden ser ciertas ambas cosas? Qohélet cree que las dos cosas son ciertas, pero se debate por comprender cómo pueden de alguna manera armonizarse.

En un mundo que no puede comprender del todo, Qohélet da vueltas en torno a un abismo de nihilismo y pesimismo —el mundo le desconcierta–, pero sigue siendo creyente. La fe triunfa. No una fe superficial que niega o ignora las realidades desconcertantes y aterradoras de nuestro mundo, sino una fe que puede vivir con preguntas sin respuesta y seguir confiando en el Dios vivo, una fe que invita a sus lectores a hacer lo mismo.

He descubierto que el Eclesiastés, junto con otros libros igualmente difíciles como Habacuc y algunos de los Salmos de lamentación, me han estado hablando al corazón en los últimos años. ¡Hay tantas cosas en nuestro mundo que me desconciertan y me dan miedo! El futuro parece más incierto que nunca o, más bien, algunas cosas parecen demasiado irremisiblemente ciertas, como el caos climático del calentamiento global y su impacto en toda la raza humana y en el mismo orden natural. Por eso me impacta el modo en que Qohélet "cuenta las cosas tal como son", o cuando un profeta como Habacuc golpea con vehemencia el pecho de Dios con sus preguntas y quejas. Y a continuación me consuelo con la forma en que ambos avanzan hacia un espacio de confianza y seguridad. Es un viaje lleno de baches. Pero merece la pena recorrerlo juntos.

EL PERSONAJE CENTRAL DEL LIBRO

Permítaseme presentar a mi amigo Qo-HÉL-et. En realidad, ese no es su nombre; realmente no es un nombre personal; es más bien un título o la descripción de un trabajo. La palabra en hebreo puede designar a alguien que convoca una asamblea o congregación (*qahal*). De ahí viene el título de su libro, "Eclesiastés" (de la traducción griega, *ekklesia*, la asamblea, o más tarde, la iglesia). Pero ¿para qué iba a convocar a la gente? Seguramente para dirigirse a ellos con sus enseñanzas o interpelarlos con sus reflexiones y preguntas. O puede significar "el Recopilador", es decir, aquel que recoge la sabiduría y los proverbios de otros y los reúne en conferencias y libros (lo que encajaría con la forma en que se le describe en 12:9-12). La NVI lo llama el 'Maestro'. Podríamos pensar en él como el filósofo, el profesor o el experto. Pero yo prefiero utilizar simplemente el nombre o título que le da el propio libro. Así que a partir de ahora lo llamaremos Qohélet.

Es evidente que Qohélet cree firmemente en Dios. Forma parte de la tradición sapiencial de Israel y comparte las profundas convicciones monoteístas de la fe de Israel. Y, arraigado en la creencia de Israel en el único y verdadero Dios vivo como Creador, tiene una visión asombrosamente positiva de la bondad de la vida y el trabajo, la comida y el vino, el sexo y el matrimonio, la inversión y la riqueza, etcétera. Dios es bueno. La vida es buena. Esa es la certeza subyacente que afirma una y otra vez, siete veces en total, para ser precisos.

Sin embargo, Qohélet ve –como todos nosotros– que todas esas cosas pueden acabar terriblemente mal. La vida también puede ser un completo desastre, absurdamente injusta, o simplemente totalmente desconcertante. Se supone que Dios tiene el control soberano, pero ¿es siempre evidente? Qohélet intenta desesperadamente comprender el mundo, utilizando todos los medios racionales a su alcance, pero siempre llega a la misma conclusión. No lo puede comprender. Todo carece de sentido, ¿o quizás sí? Se debate entre la aparente inutilidad de la vida y la terrible finalidad de la muerte. Odia la vida, pero también la ama, y nos explica el porqué de ambas cosas.

Se trata, pues, de alguien que sabe lo que cree en su cabeza pero que lucha por enfrentarse a lo que ve con sus ojos y siente en sus emociones.

Siendo sinceros, alguien como la mayoría de nosotros.

LA ESTRUCTURA DEL LIBRO Y NARRADORES

El libro nos llega como una especie de doble acto. Hay dos narradores.

> 1. **El narrador externo.** El autor abre y cierra el libro diciendo que está transmitiéndonos las palabras de Qohélet. En 1:1-11 nos lo presenta. Luego cuenta lo que Qohélet dijo, desde 1:12 hasta toda la parte central del libro –con un breve recordatorio de que eso es lo que está haciendo en 7:27. A continuación, el narrador concluye el libro en 12:8-14. Así pues, la sección inicial (1:1-11) y la final (12:8-14) constituyen el "marco" del libro. En consecuencia, al autor general o editor del libro en su conjunto se le llama a veces el "narrador externo".
>
> 2. **Qohélet, "Yo, el Maestro…"** (1:12). Es el contenido autobiográfico del libro. Qohélet habla en primera persona en todo el libro (excepto en 7:27) hasta 12:8.

Por tanto, hay un "marco" y un "testimonio". El autor o editor real del libro nos está contando lo que oyó decir o enseñar a Qohélet, informando y registrándolo para nosotros, pero no necesariamente *aprobando* todo lo que dice. De hecho, algunos piensan que 12:8-14 es una cierta crítica hacia Qohélet: "Lo intentó, pero no lo consiguió". Si este es el caso, es una crítica muy indulgente. En general, creo que los versículos finales del libro no *contradicen ni corrigen* a Qohélet, sino que nos recuerdan algunas convicciones fundamentales a las que debemos atenernos al reflexionar sobre sus palabras. Qohélet nos anima a reflexionar sobre cuestiones difíciles, pero debemos hacerlo dentro del marco seguro de la fe bíblica y la vida piadosa.

No pensemos, pues, que lo que se espera de nosotros es que simplemente estemos de acuerdo con todo lo que dice Qohélet solo porque, bueno, "está en la Biblia". Es como cuando leemos los discursos de los amigos de Job, e incluso del propio Job. No se espera necesariamente que estemos de acuerdo con todo lo que dicen en el contexto del mensaje global del libro y de las verdades más amplias de la toda la Escritura. Debemos tomar en serio lo que Qohélet dice en cada momento de su viaje o investigación. Pero a veces debemos mantener el juicio sobre si tiene razón o no en suspenso hasta que lleguemos al final del libro y podamos evaluar su investigación y sus conclusiones provisionales a lo largo del camino a la luz de los capítulos 11-12.

¿Quién era, pues, Qohélet? Se le presenta como "hijo de David, rey en Jerusalén" (1:1) y dice que fue "rey [de Israel] en Jerusalén" (1:12). Eso suena a Salomón, y a él solía atribuírsele el libro. Pero ¿lo es? Varios aspectos del libro hacen improbable, si no imposible, que el Salomón histórico fuera el autor. Hay algunas cosas que son bastante extrañas. Por ejemplo, dice que se hizo más sabio que cualquiera que hubiera gobernado en Jerusalén antes que él (1:16). Pues bien, ¡solo David lo había hecho antes! ¿Y por qué elegir un extraño nombre no personal —"El Maestro/Predicador/Experto"— en lugar de su nombre verdadero, Salomón, como en el libro de Proverbios? Además, el sabor "salomónico" desaparece después del capítulo 2.

Y lo que es más significativo, el hebreo del Eclesiastés es un "hebreo tardío", con muchos arameísmos (palabras o construcciones que reflejan el paso del hebreo al arameo entre los judíos de los últimos siglos). Ciertamente, es una forma mucho más tardía de la lengua que el hebreo de siglos precedentes, Salomón vivió en el siglo X a. C. No se trata de un argumento decisivo, pues la lengua de los libros antiguos puede actualizarse para adaptarla a épocas posteriores, como nuestras modernas traducciones de la Biblia. Pero va unido a otra consideración: que algunos de los temas y puntos de vista del libro parecen reflejar la influencia de la filosofía griega, lo que apuntaría hacia una fecha en la época postexílica en la que los judíos vivieron bajo dominio helénico.

Muchos eruditos y comentaristas opinan que Qohélet habla —al menos al principio del libro— *como si fuera Salomón* —de una manera aceptada y clara. Es decir, representa imaginariamente lo que Salomón podría haber hecho y pensado. Salomón fue legendario como el gran mecenas de la sabiduría, las artes y las ciencias de su época; como hábil administrador político, enérgico promotor de muchos proyectos de infraestructuras; alguien que amasó grandes riquezas a través del comercio internacional y multiplicó los matrimonios de conveniencia diplomática, etc. Salomón tuvo todo el tiempo, los recursos, el dinero y la oportunidad para encontrar el sentido de la vida. Si alguien debería haber encontrado la clave para entender el mundo y llevar una vida exitosa, plena y con sentido, ese debería haber sido Salomón. "Pero...", dice Qohélet —hablando como si fuera Salomón—, "no lo hice".

Entonces, si Qohélet no era Salomón, ¿quién era? En realidad, no lo sabemos. Optó por el anonimato. Es perfectamente posible que fuera una persona real cuyas luchas, reflexiones, preguntas y percepciones fueron registradas y narradas por el autor del libro, el "narrador externo", con su introducción y comentarios finales.

EL MENSAJE DEL LIBRO: UNA INVESTIGACIÓN

A lo largo de los siglos ha habido muchas maneras diferentes de entender e interpretar el Eclesiastés. No es fácil discernir una estructura clara, ni ser dogmáticos sobre cualquier estructura que creamos poder esbozar, ni mucho menos enunciar un mensaje central único, sencillo y claro. Pero como dije en el prefacio, me ha resultado útil y estimulante seguir la lectura que Craig Bartholomew hace del libro como una especie de viaje, una investigación. Así lo sugiere la forma más bien autobiográfica de iniciar Qohélet su argumentación en 1:12-2:26. Pero también lo sugiere la pregunta que el narrador plantea en 1:3.

¿Qué provecho saca la gente
de tanto afanarse bajo el sol? (1:3).

Más adelante en el capítulo 1 veremos el significado pleno y las implicaciones de esta pregunta, pero de momento vale la pena considerar este versículo como la cuestión clave que aborda el libro. Y en cierto sentido, parece una pregunta retórica, que espera una respuesta deprimente: "Bueno, en realidad nada en absoluto". Pero en otro sentido, parece una invitación: "Vamos a intentar averiguarlo...". Puede que al final la respuesta sea la misma –¿quién sabe a estas alturas?– pero la investigación acaba de empezar. Para responder a esa pregunta, observemos a Qohélet, dice el narrador, mientras explora todas las vías de la vida, privadas y públicas. Viajemos con él en su intento por descubrir si hay algún modo de captar el sentido y el valor de la vida solo con la sabiduría y la investigación humanas.

Esta manera de leer el libro –como un viaje o una investigación– significa también que no debemos juzgar cada versículo por sí mismo a lo largo del camino, como si afirmara definitivamente algo que debamos aceptar como verdad. Qohélet está hurgando en la sabiduría y las teorías convencionales, probando cosas, observando múltiples situaciones y hechos, haciendo un gran esfuerzo mental para entender los desconcertantes enigmas de la vida. Y eso nos lleva a una característica del libro que realmente debemos tener en cuenta.

EL MÉTODO DEL LIBRO: IRONÍAS Y PARADOJAS, BRECHAS Y CONTRADICCIONES

Este puede ser el aspecto más desconcertante del libro. Qohélet parece decir cosas contradictorias. A veces se contradice a sí mismo; otras veces parece contradecir puntos fundamentales de la fe de Israel. Y tenemos que entender que lo hace, casi con toda seguridad, consciente y *deliberadamente*. Está obligando a sus oyentes/lectores a *pensar*. Nos está abofeteando en la cara, para que despertemos y seamos realistas, para que no nos contentemos con respuestas trilladas o proverbios lúcidos. Quiere que veamos los absurdos de la vida, cuando ocurren cosas totalmente ilógicas y sin sentido. A veces recurre a la ironía: "la sabiduría común dice *tal cosa*, pero *lo contrario* parece ser cierto al menos algunas veces". Otras veces recurre a la paradoja: "pensamos que esto debería ser así, pero las cosas pueden resultar sorprendentemente contrarias a todas las expectativas". A veces, simplemente pone frente a frente una cosa y su contraria sin comentario alguno, dejando que intentemos encontrar una manera de salvar la distancia entre ellas —sobre todo, si aun siendo contradictorias cada una parece ser cierta a su manera. Debemos reconocer este *género* literario y sus métodos. No lo leas como lo harías, por ejemplo, con el Evangelio de Juan.

Y la contradicción aparente más extrema que enhebra el libro es que en algunos versículos puede estar diciendo que la vida no tiene sentido, que uno muere, así que da igual no haber nacido; y en el siguiente está diciendo que la vida es buena – que no hay nada mejor–, un maravilloso don de Dios para que lo disfrutemos plenamente. Y nos desafía a enfrentarnos a ese misterio. ¿Qué es: una cosa o la otra? ¿O acaso ambas a la vez? ¿Qué respuesta hay? ¿Hay una clave, una pista, una solución a

23

los desconcertantes misterios de este mundo que él no puede comprender? Bueno, si acaso las hay, no las podrá encontrar solo con el raciocinio, la sabiduría y la observación.

Nosotros tampoco podemos hacerlo.

Porque, como sabemos por el resto del canon bíblico –y como Qohélet podía saber por las Escrituras de Israel a su disposición– necesitamos la revelación que Dios da de sí mismo y de su creación, junto con su diagnóstico acerca de la condición humana, para apenas empezar a entender el mundo en que vivimos. No es que tal revelación "resuelva" instantáneamente todos los problemas con los que se enfrenta Qohélet, ni que dé respuestas claras a todas las preguntas que se plantea. Pero es el marco en el que debe tener lugar ese cuestionamiento y debate.

En su forma más sencilla, el libro del Eclesiastés intenta –de forma consciente o no en la mente del autor y de Qohélet– averiguar cómo Génesis 1-2 puede ser verdadero y bueno en un mundo donde imperan los resultados de Génesis 3. Porque el libro afirma rotundamente tanto la verdad del mundo creado por el Dios único, vivo y soberano de Génesis 1-2, como los hechos del mundo devastado por los resultados de Génesis 3, resultados tales como la frágil fugacidad de la vida humana, aunque sea larga y aparentemente plena; el abismo insondable de la muerte y el olvido; el enfado que produce la injusticia y las lágrimas del sufrimiento; los accidentes y la imprevisibilidad que confunden todas las expectativas racionales; etc. Todas estas cosas parecen impedir cualquier sentido duradero o absoluto de la vida, incluso cuando se sabe que la vida es en sí misma un buen regalo de Dios.

Hay un mundo bueno que amamos y disfrutamos.

Y hay un mundo desconcertante que no comprendemos.

Pero en realidad es un mundo único y no nos queda más remedio que vivir con esa tensión.

CAPÍTULO I

¿TIENE ALGÚN SENTIDO LA VIDA?

Eclesiastés 1:1-2:26

Zambullámonos de lleno. "Zambullirse" es la palabra correcta. Como en un lago helado. La apertura brutalmente directa del autor es deliberadamente chocante. En solo dos versículos lanza la afirmación (v. 2) y formula la pregunta (v. 3) que dominará nuestros cerebros en debate durante todo el recorrido del libro.

EL DESAFÍO DE LA VIDA (1:1-3)

«Nada tiene sentido», dice el Maestro.
«Nada en absoluto tiene sentido» (1:2; PDT).

El tema principal

¡Nada tiene sentido! La frase se repite una y otra vez. Y en el lenguaje hebreo se convierte en una forma expresiva superlativa: "vanidad de vanidades". ¿Cuál es su significado?

La palabra hebrea que late desafiante en el Eclesiastés es *hebel*. Significa un vapor, una bocanada de aliento, un olor a humo, una nube pasajera, un remolino vaporoso. Se trata, pues, de una palabra muy sugerente para diversos usos metafóricos. Según su contexto puede tener sentidos y sabores ligeramente diferentes:

1. *Vacío*, sin sentido, sin beneficio alguno. Ese era el antiguo significado de la palabra "vanidad", como en la traducción de la RV. Algo que puede parecer muy atractivo en sí mismo, pero que al final resulta ser solo una pérdida de tiempo y esfuerzo, que no vale nada en absoluto. "Tan inútil como una tetera de chocolate", como dicen en el noreste de Inglaterra.
2. *Transitorio*, insustancial, efímero, que no permanece ni dura. Puede parecer maravilloso y magnífico, pero todo desaparece muy rápidamente y no queda nada. Como el rocío o la niebla de la mañana, o el vapor de una tetera hirviendo.
3. *Engañoso*, falso, que no es lo que parece, la palabra se utiliza con ese sentido para referirse a los ídolos. Algo en lo que no deberías molestarte en creer porque siempre te decepcionará. "Scotch mist", niebla escocesa, es otro modismo británico que significa algo que apenas existe, o que te estás imaginando y perderías el tiempo buscándolo.
4. *Frustrante*, algo que nunca puedes alcanzar o agarrar, como el viento. Puedes perseguirlo todo lo que quieras, pero nunca atraparlo ni agarrarlo con tus manos. "Es como tratar de poner orden en una jaula de grillos", como suele decirse.
5. *Absurdo*, algo que parece totalmente irrazonable e ilógico, que no tiene sentido en relación con otros hechos o verdades conocidos.

6. *Desconcertante*, enigmático. Sabes que la vida debe tener algún sentido o significado, pero se te escapa constantemente; no puedes llegar al fondo de la cuestión. Al final, la vida es un misterio, un enigma. Sea cual sea su significado —y es de suponer que lo tiene— se nos oculta. Intentamos dar sentido a cosas que la mayor parte del tiempo parecen no tenerlo.

Creo que el autor del Eclesiastés fluctúa sobre todo entre el primero y los dos últimos, aunque a veces también podemos saborear los otros. Es decir, que a veces suena francamente pesimista: la vida no tiene ningún sentido; todo es completamente inútil. ¡Tenemos que superarlo! A eso suena el "vanidad de vanidades".

Pero en otras ocasiones parece muy sinceramente desconcertado. Parece decir: "Sé que la vida es mejor que la muerte. Sé que la sabiduría es mejor que la necedad. Sé que el trabajo duro es mejor que la pereza. Creo en esas cosas y creo en el Dios que las hizo así y nos da la vida para disfrutarla. Pero no encuentro ninguna razón de *por qué* las cosas son como son. Y siendo sincero, hay tantas cosas en la vida que parecen estar patas arriba. La vida es un gran rompecabezas. Me desconcierta, aunque he intentado analizarla de todas las maneras posibles para encontrarle sentido. La vida misma sigue siendo un misterio".

Creo que te darás cuenta de que, si lees la palabra "desconcertante" cuando encuentres la expresión "vanidad" en nuestras traducciones, como la NVI, te ayudará muchas veces a captar el significado probable de lo que el autor quiere decir. También, a veces, las palabras "sin sentido" o "absurdo" son buenas.

Esta idea de "enigma desconcertante" parece acercarse a la visión que Qohélet tiene de la vida en este mundo tal como la conocemos. Vivimos en un mundo que no podemos comprender. O al menos, aunque cada vez más cosas que *de hecho podemos* comprender, hay aspectos de la vida y de nuestra experiencia que no tienen sentido y que parecen superar nuestras capacidades o escapar de nuestro control. Incluso cuando tenemos la intuición de que todo debe tener un sentido y un significado, no podemos dar con respuestas definitivas y satisfactorias. Esto es lo que mueve a Qohélet en su viaje.

La pregunta clave

¿Qué provecho saca el ser humano
de todo el trabajo con que se afana bajo el sol?
(1:3; RV2020).

Esta es la pregunta programática que rige el libro y su investigación. La pregunta se repite en 2:22, 3:9 y 5:16.

La palabra "provecho" significa "ganancia" o "beneficio". Así que la pregunta es: ¿qué pago recibimos de toda una vida de trabajo? ¿Al final, qué obtenemos? ¿Qué nos queda? ¿Cuál es la ganancia positiva de todos nuestros esfuerzos?

La palabra "trabajo" es algo negativa. No es la palabra hebrea habitual para trabajo, sino que apesta a esfuerzo y sudor. Y en esto, por supuesto, es en lo que se convirtió nuestro mundo humano de trabajo tras Génesis 3. Sudamos solo para comer pan. Trabajamos duramente la tierra para extraer de ella nuestros alimentos. *Tenemos que trabajar* solo para sobrevivir en este mundo caído, y ese tipo de trabajo es bastante duro.

Pero, por otra parte, el trabajo es en sí mismo algo bueno, como Qohélet convendrá una y otra vez. Dios nos creó a su imagen y semejanza, y la primera imagen de Dios que vemos en la Biblia es la de un trabajador: pensando, decidiendo, planificando, ejecutando, moldeando, formando, llenando, alcanzando objetivos de manera sistemática y con un propósito. Una criatura que refleje a Dios de alguna manera, tiene sencillamente que tener capacidades similares. Y nosotros las tenemos. Trabajar es fundamental y absolutamente humano.

El trabajo es una dimensión esencial de nuestro papel como imagen de Dios en la creación.

Por medio de nuestro trabajo participamos en la sociedad humana. Con nuestro trabajo hacemos que nuestras vidas sean útiles a los demás y, por supuesto, nos beneficiamos a cambio del trabajo de los demás. En eso consiste la civilización humana, en este gran proyecto humano de nuestro trabajo y de el de los demás compartiendo sus beneficios. El trabajo en parte da por sí mismo sentido a la vida humana, aunque en el capítulo 3 veremos que hay muchos problemas con el trabajo. Por eso, *no poder* trabajar, *no tener* trabajo o *no querer* trabajar son condiciones que reducen nuestra humanidad. La ociosidad forzada o voluntaria son en cierto grado igualmente deshumanizantes. Y, naturalmente, no estamos equiparando aquí "trabajo" exclusivamente con "empleo", aunque a menudo se solapen. La gente trabaja de muchas maneras sin ser remunerados en términos económicos, pregúntale a cualquier madre.

Así que la pregunta del versículo 3, aunque se centra en el *trabajo* humano, probablemente se refiere a un nivel más profundo de la *vida* humana, ya que tenemos que trabajar para vivir. Pero, a fin de cuentas, se pregunta nuestro autor, ¿cuál es el beneficio?, ¿dónde está la ganancia?, ¿qué sentido tiene incluso toda una vida de trabajo? Cuando llegas al final de tu vida, y de todo el trabajo de tu vida, ¿habrá valido la pena en el marco del gran proyecto?

Bueno, ¡quizás pienses que el versículo 2 ya ha respondido la pregunta del versículo 3! ¡Es obvio! Si haces cuentas, no hay ninguna ganancia. Nada tiene sentido y te lo voy a demostrar, dice Qohélet. De todos modos, al final morirás...

Pero, aguanta. El viaje acaba de comenzar. La pregunta se convierte en investigación. Acabamos de comenzar la larga búsqueda que continuará a lo largo de todo el libro. ¿Es el versículo 2 realmente *todo* lo que podemos decir? ¿Es esa *toda* la verdad sobre la vida humana?

Bueno, vamos a ver...

Vale la pena hacer una pausa solo para comprobar lo que significa la frase *bajo el sol*. Aparece aquí en el versículo 3 y ocurrirá un total de veintinueve veces en el libro. Hay una línea de interpretación que lo lleva a implicar que *se refiere a la vida en esta tierra al margen de Dios*. Se supone que Dios está "arriba en el cielo por encima del sol", mientras que nosotros estamos "aquí abajo en la tierra bajo el sol". Por eso Eclesiastés nos está diciendo que realmente debemos preocuparnos por la vida en el cielo ("por encima del sol") y dejar atrás toda esta obsesión por las cosas terrenales ("bajo el sol").

Pero creo que seguramente esto *no* es lo que el autor quiere decir con su frase. No está excluyendo deliberadamente a Dios de sus reflexiones. Por el contrario, *trae* a Dios a su debate con bastante frecuencia. Dios está muy presente y activo en la vida "bajo el sol", aunque eso parece aumentar el problema, en vez de resolverlo. El autor no es un ateo de verdad, ni pretende serlo; es decir, expresa las quejas del ateo y luego se opone a ellas con un mensaje más espiritual.

La frase "bajo el sol" probablemente se entiende simplemente como una especie de marco inclusivo o completo: "en todas partes de la tierra brilla el sol". Puede ser similar a la forma en que usamos las palabras "en la tierra" para expresar algún contexto hipotéticamente universal para una pregunta enfática. "¿Qué diablos crees que estás haciendo?". "¿A dónde diablos vas?". "¿Por qué diablos ella hizo tal o cual cosa?".

Del mismo modo, con su expresión recurrente "bajo el sol", nuestro autor parece estar diciendo: "No importa dónde mires en la tierra, estas son las cosas que encontrarás. Así es siempre la vida humana y como la experimentamos día a día bajo la luz del sol". Es una forma de afirmar lo que él cree que es universalmente verdad, ¡aunque algunas de sus afirmaciones son contradictorias y la mayoría desconcertantes!

LA CIRCULARIDAD DE LA VIDA (1:4-11)

El narrador externo interviene ahora para ofrecer una justificación inicial para su afirmación y su pregunta inicial desafiantes. Esto nos pondrá en línea para el análisis completo que seguirá en la investigación autobiográfica de Qohélet, después de que se nos presente en el versículo 12.

Aquí tenemos el primero de varios "poemas" del libro. Por supuesto, gran parte del libro está escrito en una especie de prosa poética. Pero hay algunos pasajes poéticos autónomos como este que se destacan coherentemente y por derecho propio como poemas breves. Este amplía lo que quiere decir con su exclamación desnuda del versículo 2.

> [4] Generación va, generación viene,
>   mas la tierra permanece para siempre.
> [5] Sale el sol, se pone el sol,
>   afanoso vuelve a su punto de origen para de allí volver a salir.
> [6] Dirigiéndose al sur,
>   o girando hacia el norte,
> sin cesar gira el viento
>   y de nuevo vuelve a girar.
> [7] Todos los ríos van a dar al mar,
>   pero el mar jamás se llena.
> A su punto de origen vuelven los ríos,
>   para de allí volver a fluir.
> [8] Todas las cosas cansan
>   más de lo que es posible expresar.
> Ni se sacian los ojos de ver,
>   ni se hartan los oídos de oír.
> [9] Lo que ya ha acontecido
>   volverá a acontecer;
> lo que ya se ha hecho
>   se volverá a hacer
>   ¡No hay nada nuevo bajo el sol!

> ¹⁰ Hay quien llega a decir:
> «¡Mira que esto sí es una novedad!»
> Pero eso ya existía desde siempre,
> entre aquellos que nos precedieron.
> ¹¹ Nadie se acuerda de las generaciones anteriores,
> como nadie se acordará de las últimas.
> ¡No habrá memoria de ellos
> entre los que habrán de sucedernos!

El poema tiene una interesante estructura concéntrica o quiástica[4]:

A. (*v. 4*). La vida humana (incluso generaciones enteras) es bastante fugaz e insignificante en comparación con las largas edades de la tierra. En otros pasajes, la antigüedad de la tierra es motivo de tranquilidad y alabanza a Dios. Aquí simplemente destaca la fugacidad de la vida humana, tal vez basándose en el Salmo 90, donde se resalta la misma idea.

> **B.** (*vv. 5-6*). Todo en la naturaleza es cíclico. En otros pasajes, la salida del sol cada día es motivo de acción de gracias y una metáfora de confianza. Aquí se ve simplemente como algo rutinario.

>> **C.** (*vv. 7-8*). Entonces nada se llena nunca ni termina. Por tanto, aunque nuestra investigación ocular y acústica sea insaciable e interminable, nunca obtendremos una respuesta satisfactoria al sentido de la vida y los problemas que nos plantea. Simplemente acabaremos hastiados en el intento.

> **B'.** (*vv. 9-10*). Todo en la historia es también cíclico, una y otra vez. En otros pasajes, los escritores bíblicos discernieron patrones en la historia que señalan el carácter confiable de Yahvé, el Dios que puede y volverá a "hacer" lo que ya

---

[4] En una estructura quiástica o concéntrica el autor hace una serie de propuestas en orden, "al inicio", en el punto central y luego repite las mismas ideas en orden inverso "al concluir". Así, A, B, C, B', A'.

ha hecho antes, pero que también puede hacer cosas nuevas asombrosas. Aquí la historia se reduce a un ciclo interminable donde nada es nuevo, sino que simplemente se repite.

A'. *(v. 11)*. De todos modos, no vas a vivir lo suficiente: al final todos caerán en el olvido. La historia humana es un agujero negro, largo y oscuro.

De modo que el punto principal está en el medio (vv. 7-8), y los círculos exteriores sirven de apoyo. Dice el autor que vamos a acompañar a Qohélet en su gran investigación en búsqueda de respuesta a la pregunta del versículo 3, pero prepárate para sufrir la erosión de la frustración. Es una búsqueda que te hará dar vueltas y vueltas y más vueltas como el viento, y aun así no estarás más cerca de encontrar una respuesta satisfactoria a todas tus preguntas, como tampoco el mar se llena finalmente con los ríos. El mensaje del poema es el mismo que su estructura: circular. Todo simplemente da vueltas y nada se resuelve de manera definitiva. Esa es la idea central de los versículos 7-8.

Pero hay dos deficiencias principales en su caso.

En primer lugar, si el análisis se va a hacer solo con "ojos y oídos" —es decir, solo por medio de la observación empírica—, entonces sí, su observación está condenada al fracaso. Si su plan es juzgar todo solo por lo que ve y así convertirse en el único juez de los hechos y la verdad, entonces sí, sus observaciones de hecho conducirán al frustrante veredicto de *hebel*. Su perspectiva será implacablemente subjetiva y constantemente abierta a la contradicción y la deconstrucción. Verá una cosa y luego exactamente la contraria resultándole imposible cerrar la brecha existente entre ambas. Y eso es exactamente lo que veremos que sucede una y otra vez a lo largo del libro. Habrá constantes tensiones desconcertantes entre lo que sabe y lo que ve. Las observaciones de sus ojos y oídos nunca responden por sí solas a las preguntas más profundas ni resuelven los misterios del universo.

En segundo lugar, ya se aleja de una idea y verdad bíblica esenciales. Porque según la revelación de Dios en las Escrituras proféticas, la historia no es circular ni cíclica. La historia no es como la naturaleza, con su perenne ciclo de estaciones. La historia está sometida al gobierno de Dios. La historia es el resultado del plan y el propósito de Dios. Dios trabaja en la historia para cumplir su promesa. La historia, según la Biblia, es la Historia de Dios (p. ej., Is 40:22-24; 41:21-29; Jr 18:7-10; Sal 33:10-11; 96:4-10).

Israel lo sabía. Qohélet, como alguien que conocía y compartía la fe de Israel, también tenía que saberlo. Pero al excluirlo aquí al comienzo mismo de su investigación se aparta de algunos puntos vitales de la revelación de Dios en la historia, tendremos que volver a ese punto más adelante.

Una visión cíclica de la historia siempre acabará siendo desesperada. La razón es sencilla. Una visión circular o cíclica de la historia carece de dos cosas. Primero, carece de un sentido de *propósito* –los teólogos lo llaman "teleología"–, la meta hacia la que se mueven las cosas. Si solo estás dando vueltas en círculos, no estás "yendo a ninguna parte". ¡No es de extrañar entonces que crea que nada tiene sentido! Y segundo, carece de un sentido de final –lo que los teólogos llaman "escatología"– que Dios finalmente "concluirá la historia", completará sus propósitos y logrará el cumplimiento total de sus promesas, por lo que hay un futuro que esperar con ahínco. Sin propósito ni final, no puede haber esperanza real. Y eso es exactamente lo que encuentra Qohélet. Por eso acaba tan frustrado y –casi– completamente desesperado.

LA VIDA A EXAMEN (1:12–2:11)

En este momento, Qohélet se presenta y emprende su investigación. Se identifica una vez más como el *personaje* que el narrador le atribuyó ser en el versículo 1. Qohélet lidera personas —es lo que su nombre o título seguramente significa—; cree en Dios; está dotado de sabiduría —es instruido— y cree haber reunido todos los recursos necesarios para su investigación. Cree tener toda la sabiduría, la riqueza y las oportunidades que un rey como Salomón podría reunir.

> [12] Yo, el Maestro, reiné en Jerusalén sobre Israel. [13] Y me dediqué de lleno a explorar e investigar con sabiduría todo cuanto se hace bajo el cielo. ¡Penosa tarea ha impuesto Dios al género humano para abrumarlo con ella! [14] Y he observado todo cuanto se hace bajo el sol y todo ello es vanidad, ¡es correr tras el viento!
>
> [15] No se puede enderezar lo torcido,
> ni se puede contar lo que falta. (1:12-15).

Qohélet se propone un gran proyecto de investigación: "Todo cuanto se hace bajo el cielo" (v. 13), seguramente no sea el tema de investigación que sería aceptado en la actualidad como propuesta para un doctorado. El personaje es ambicioso.

Y también es muy serio. "Me dediqué de lleno...". En hebreo, sería, "entregué mi corazón". Y en hebreo, el corazón es el asiento, no tanto de nuestras emociones como de nuestro intelecto, decisiones y voluntad. Así que esta es una declaración de intenciones contundente. Tiene una idea firme de cómo alcanzar su propósito. El esfuerzo intelectual que va a hacer es realmente exigente. Y eso está bien, por supuesto; fuimos creados a la imagen de Dios con una capacidad asombrosa para el pensamiento racional y la resolución de problemas. Pero también es arriesgado si va a depender únicamente de lo que su "mente" le diga a través de sus ojos y oídos. Como dijimos anteriormente, si todo su proyecto se basa en la observación y la deducción puramente empíricas, este será un viaje lleno de baches.

Añade que seguirá el proyecto "con sabiduría", y lo dice repetidamente en las próximas secciones (p. ej., 2:3, 9, 12,

7:23-29; 8:16). Y naturalmente, eso también suena bien. Pero en esta etapa su sabiduría se basa totalmente en sí mismo: *vi, pensé*, etc. Tan solo al final del libro, y únicamente en el epílogo del narrador, encontramos la afirmación esencial de Proverbios, que el inicio mismo y principio de la sabiduría es el temor del Señor, para que le sometamos todo nuestro pensamiento y actuación, como esencia de la sabiduría (12:13, cf. Prov 1:7). Una vez más, Qohélet tiene que haber estado al tanto de este principio rector de la sabiduría bíblica. Pero no parece ser su punto de partida aquí. No, Qohélet va a llevar a cabo su exploración solo mediante la observación.

Y, como hacen muchos estudiantes de doctorado, establece su conclusión inicial desde el principio, lo que nos deja con la esperanza de que proporcione una argumentación adecuada que la respalde más adelante. Así que declara su observación negativa más inmediata y preliminar en los versículos 13b-15.

"Penosa tarea" (NVI); en hebreo: "*mal* (*ra'*) negocio o trabajo". Se trata de una evaluación asombrosamente sombría – que probablemente encuentra eco en el corazón de muchos estudiantes de doctorado al comienzo de su proyecto. Después de todo, sabemos –como lo sabía el autor– que Dios creó un mundo "bueno" y que el trabajo en sí mismo también es algo bueno, lo cual Qohélet alabará repetidamente más adelante, como veremos. Pero aquí declara que toda empresa humana es "mala", ¡y le echa las culpas a Dios! Es Dios quien ha "dado" este pesado, malvado, "infeliz negocio" (ESV)[5] a la humanidad. Es Dios quien coloca esta carga de trabajo frustrante y sin sentido sobre nuestros hombros.

Inmediatamente, pues, podemos ver que Dios no está excluido de su investigación y ecuaciones. Dios está muy implicado en todos los procesos, hechos, situaciones y resultados

---

[5] English Standard Version. Las versiones castellanas traducen por "tarea", "carga" y, sobre todo, "trabajo". N. T.

que va a analizar. Pero lejos de que esa convicción *resuelva* nada, solo puede concluir que Dios está de alguna manera implicado en la forma en que la vida humana es una carga tan pesada y que todos los logros humanos parecen ser, en última instancia, tan frustrantes como perseguir el viento (v. 14). ¡Toda la culpa es de Dios!

Ahora bien, si el apóstol Pablo pudiera participar en el debate, ¡creo que estaría de acuerdo! Pero lo haría guiñando un ojo y con una sonrisa. Porque Pablo diría que, aunque el mal y la frustración no eran la intención original de Dios para la creación y la humanidad, de hecho, fue Dios mismo quien "sujetó" la creación a vanidad y a frustración en respuesta a nuestra rebelión perversa contra Dios. *Pero* Pablo continuaría con una sonrisa —sabiendo más que Qohélet—, a causa de la muerte y resurrección de Jesucristo, tanto la creación como la humanidad tienen *esperanza* (Rm 8:18-25).

Así que, como veremos en varios puntos a lo largo del libro, Qohélet insiste en que Dios está de alguna manera implicado en todos los aspectos desconcertantes y frustrantes de la vida terrena (p. ej., 3:9-11,18; 6:1-2; 7:13-14; 9:1). Y aunque esto suene tan negativo, esconde una verdad positiva. La vida, con todo lo absurdo e injusto que la compone, todavía está bajo el control soberano de Dios.

Y eso nos da la tranquilidad de que, si *hebel* no fue la primera palabra de Dios sobre la creación, tampoco tiene por qué ser la última.

Pero en este momento, Qohélet no está de humor para asumirlo del todo. Para él, hay un proverbio desfasado que parece innegable. El versículo 15 dice con rotundidad que hay algo que está radicalmente mal en el mundo y que no hay nada que podamos hacer para arreglarlo. Es difícil no estar de acuerdo con él.

Pero esa evaluación inicial no le impedirá tratar de encontrar *algo* en la vida que le dé algún propósito y valor significativo.

Así que se lanza de lleno a su gran proyecto de investigación. Nos cuenta cómo exploró al menos cuatro formas de encontrar sentido y realización en la vida.

Instrucción académica

[16] Me puse a reflexionar: Aquí me tienen, engrandecido y con más sabiduría que todos mis antecesores en Jerusalén, y habiendo experimentado abundante sabiduría y conocimiento. [17] Me he dedicado de lleno a la comprensión de la sabiduría, y hasta conozco la necedad y la insensatez. ¡Pero aun esto es querer alcanzar el viento! [18] Francamente,

> «cuanta más sabiduría, más problemas;
> cuanto más se sabe, más se sufre». (1:16-18).

Empieza bien, o eso parece. Comienza en la forma en que todos los padres animamos a nuestros hijos: ¡Aprended! ¡Estudiad mucho! Es lo que él hace, y trabaja en todos los grados y maestrías sobresaliendo en cada materia. Alcanza una gran sabiduría y discierne con precisión entre lo que constituye la verdadera sabiduría y lo que es mera "necedad e insensatez", no totalmente ausente en los círculos académicos. Obtiene el doctorado. Se convierte en lo que podríamos llamar un intelectual de élite, profesor, consultor, asesor del gobierno. No está mal. Las Escrituras alaban mucho la sabiduría. El estudio es bueno y deseable.

Pero su elevado nivel de estudios no satisfizo ni respondió las preguntas más profundas de la vida. Fue una búsqueda infructuosa. Y dolorosa al final. Descubrió la irónica verdad del dicho popular de que "la ignorancia es felicidad". Hubiera sido más feliz si no hubiera aprendido tanto, porque parece que "a más ciencia, más dolor" (v. 18; BLP).

Hedonismo

¹ Me dije entonces: «Vamos, pues, haré la prueba con los placeres y me daré la gran vida». ¡Pero aun esto resultó ser vanidad! ² A la risa la considero una locura; en cuanto a los placeres, ¿para qué sirven? (2:1-2).

Como muchos estudiantes de primer año en la carrera de la libertad embriagadora, se lanza a la búsqueda del placer. Se divierte. Sin duda, disfruta de la vida fácil con una multitud de amigos amantes de la diversión. Se lo pasan muy bien juntos y se ríen un montón.

Y una vez más, no podemos quejarnos demasiado. Dios nos dio la vida para disfrutarla, e incluso las grandes criaturas marinas se divierten jugando en el océano y puede que hasta Dios mismo lo haga, jugueteando con ellas, según una lectura muy plausible del Salmo 104:26 (NVI). Incluso la Sabiduría misma se presenta llena de deleite y alegría en la creación del mundo (Prov 8:30). Así que no tenemos por qué fruncir el ceño ante el placer y la risa como si fueran algo pecaminoso en sí mismos.

¿Son el placer y la risa "buenos" (v. 1)? Bueno, en sí mismos, tendríamos que decir que sí. Son parte del buen regalo de Dios en la creación. Naturalmente, el pecado puede pervertirlos, como cuando se disfruta por un comportamiento cruel, o se ríe uno de los pobres o discapacitados.

Pero no hay indicios de que el placer y la risa de Qohélet estuvieran contaminados de ese modo. Podemos suponer que simplemente se permitió pasar un buen rato inocentemente. Si es así, bien por él.

Pero la pregunta recurrente vuelve: ¿Qué obtuvo con la búsqueda del placer? Nada. ¿Cómo suena el recuerdo de la risa impotente después que se acaba? Es locura. El placer en sí mismo es un pobre competidor en cuanto al significado último de la vida.

Locura controlada

> Quise luego hacer la prueba de entregarme al vino –si bien mi mente estaba bajo el control de la sabiduría–, y de aferrarme a la necedad, hasta ver qué ventaja le encuentra el hombre a lo que hace bajo el cielo durante los contados días de su vida. (2:3).

Qohélet ahora se vuelve hacia lo opuesto de su primer experimento de sabiduría académica. Se lanza al mundo de la locura irracional, con la ayuda del vino. Si estar sobrio y ser entendido no traía satisfacción, ¿acaso hay que estar borracho y ser estúpido? ¿Podría eso darle un mejor sentido a la vida? Es una decisión curiosa, pero recuerda –para nuestro alivio–, que esta es solo su historia, no su recomendación.

"Aferrarme a la necedad", dice. Suena bastante moderno. De hecho, se podría decir que se trata de una visión bastante precisa del carácter cada vez más dominante de la cultura occidental. Combinamos un culto a la celebridad vana –ser famoso solo por el hecho de ser famoso, no por alcanzar algo de valor– con un rechazo ridículo de la sabiduría o del consejo de quienes realmente saben algo, ya sea de carácter académico, científico, económico o de toda una vida de experiencia cualificada. La "democratización" del conocimiento a través de Internet eleva la opinión tuiteada de cualquier persona al mismo nivel de validez que un artículo médico cuidadosamente investigado y basado en evidencias.

Quizás la pandemia de COVID-19 haya restaurado cierto nivel de fe en la "sabiduría" del conocimiento y experiencia científicos, al ser testigos de la increíble capacidad de conseguir la secuenciación genómica del virus y sus variantes y de producir vacunas eficaces con tanta rapidez.

Y, con todo, lo que es igualmente increíble, la "locura" de las teorías conspirativas, la retórica y las redes sociales antivacunas, formas extremas de espiritualidad de "fe y sanidad", prejuicios anticientíficos y la pura desconfianza hacia los "expertos" han proliferado en muchos países y culturas, incluyendo desde presidentes hasta gente de la calle. "Aferrarse a la necedad" es un eufemismo.

Irónicamente, Qohélet nos dice que se aferró a la necedad (locura) a la vez que dejaba que su mente siguiera siendo guiada por la *sabiduría*. Parece que se permitió experimentar profundidades de embriaguez y desvarío mental, mientras que de alguna manera todavía se observaba a sí mismo con algún tipo de reflexión analítica sobre lo que estaba experimentando. Podemos cuestionar lo prudente de tal intento. ¿Puedes realmente permitirte emborracharte y volverte idiota confiando en tu pobre cerebro para analizarlo racionalmente? Pero hay una ironía aún más profunda que los riesgos obvios. Porque cuando dice, "mi mente estaba *bajo el control de la sabiduría*", tenemos que preguntarnos, "¿qué sabiduría?, ¿la sabiduría de quién? Ciertamente no la sabiduría de Proverbios. Las advertencias de Proverbios contra las tentaciones y los peligros de la embriaguez son fuertes.

^{23:19} Hijo mío, presta atención y sé sabio;
    mantén tu corazón en lo que es correcto.
²⁰ No te juntes con los que beben mucho vino,
    ni con los que se hartan de carne,
²¹ pues borrachos y glotones, por su indolencia,
    acaban harapientos y en la pobreza.

²⁹ ¿De quién son los lamentos? ¿De quién los pesares?
    ¿De quién son los pleitos? ¿De quién las quejas?
    ¿De quién son las heridas gratuitas?
    ¿De quién los ojos morados?

> ³⁰ ¡Del que no suelta la botella de vino
> ni deja de probar licores!
> ³¹ No te fijes en lo rojo que es el vino,
> ni en cómo brilla en la copa,
> ni en la suavidad con que se desliza;
> ³² porque acaba mordiendo como serpiente
> y envenenando como víbora.
> ³³ Tus ojos verán alucinaciones,
> y tu mente imaginará perversidades.
> ³⁴ Te parecerá estar durmiendo en alta mar,
> acostado sobre el mástil mayor.
> ³⁵ Y dirás: «Me han herido, pero no me duele.
> Me han golpeado, pero no lo siento.
> ¿Cuándo despertaré de este sueño
> para ir a buscar otro trago?»
> (Prov 23:19-21, 29-35; NVI).

Y lo que es aún más significativo, puesto que Qohélet se ve a sí mismo como rey:

> ⁴ No conviene que los reyes, Lemuel,
> no conviene que los reyes se den al vino,
> ni que los gobernantes se entreguen a la cerveza,
> ⁵ no sea que al beber olviden de lo que la ley ordena
> y priven de sus derechos a todos los oprimidos.
> (Prov 31:4-5; NVI).

A la luz de tales textos, cualquiera que sea la "sabiduría" bajo cuyo control Qohélet dice que está, ciertamente no es la sabiduría que proviene del temor del Señor y de la sumisión a su palabra. Así que no nos sorprende que ni siquiera se moleste en dar un veredicto acerca de este experimento en particular. Si estaba tratando sinceramente de "ver lo que era *bueno* para la gente", no era así, ¡como seguramente tendría que saber!

Trabajo productivo

Sobrio y sensato de nuevo, se lanza a proyectos constructivos como lo había hecho Salomón. Aquí por fin hay algo prometedor, algo productivo y beneficioso para él y para los demás. ¿Traerá acaso esto una respuesta plena y satisfactoria a su búsqueda?

[4] Realicé grandes obras: me construí casas, me planté viñedos, [5] cultivé mis propios huertos y jardines en donde planté toda clase de árboles frutales. [6] También me construí aljibes para irrigar los muchos árboles que allí crecían. [7] Compré esclavos y esclavas; tuve criados, vacas y ovejas, tuve mucho más que todos los que me precedieron en Jerusalén. [8] Amontoné plata, oro y tesoros que fueron de reyes y provincias. Tuve cantores y cantoras; disfruté de los deleites de los hombres: ¡formé mi propio harén!

[9] Me engrandecí en gran manera, más que todos los que me precedieron en Jerusalén; además, la sabiduría permanecía conmigo.

[10] No les negué a mis ojos ningún deseo,
ni privé a mi corazón de placer alguno.
Mi corazón disfrutó de todos mis trabajos.
¡Solo eso saqué de tanto afanarme!
[11] Luego observé todas mis obras
y el trabajo que me había costado realizarlas.
Vi que todo era vanidad, un correr tras el viento,
y que no había provecho bajo el sol. (2:4-11).

La mayor parte de lo que describe aquí puede ser aplaudido como bueno y encomiable, bueno, ¡no el comercio de esclavos y el harén! Pero este es un rey imaginario del antiguo Próximo Oriente. De hecho, hay algunos ecos evidentes de las historias

43

de la creación de Génesis 1 y 2 en la forma en que describe sus logros. Hay trabajo productivo: huertas, árboles fructíferos, cursos de agua. Es un creador de riqueza. Proporciona empleo. Ama la horticultura y desarrolla la agricultura. Patrocina la música y los coros. Tal vez todo suene un poco arrogante, y ciertamente tiene un fuerte tufillo egocéntrico, pero al menos merece más la etiqueta de "sabiduría" que su anterior incursión en la ebriedad (v. 3). Eran cosas buenas y dignas de hacer. Y todavía lo son.

¡Era tremendo! El versículo 10 es una celebración sentida de la alegría que proporciona el trabajo, *mientras estaba trabajando*. Se deleitaba en todos sus proyectos, *y esa era su recompensa*. Y nuevamente tenemos que estar de acuerdo en que esto puede ser muy cierto. ¿No encontramos con frecuencia que hay una recompensa *intrínseca* en hacer bien nuestro trabajo? Nos dejamos absorber por un proyecto exigente, estamos ocupados, recurrimos a las cosas que conocemos bien, desplegamos todos nuestros dones y capacitación, nos esforzamos todo lo que podemos, nos organizamos y cooperamos con colegas, disfrutamos de la presión y los plazos, resolvemos los problemas y superamos las dificultades, estamos satisfechos con el progreso constante, mantenemos la meta en mente, nos centramos y establecemos prioridades, sacrificamos otras cosas y organizamos nuestro tiempo, *conseguimos que el trabajo quede concluido* y nos sentimos bien por ello, la mayor parte de las veces. Puede ser muy gratificante. "Para esto fui hecho", podemos pensar, incluso agotados al final de un día ajetreado.

Y hay algo creacionalmente bueno en esto también, algo exclusivamente humano, porque es el resultado de haber sido creados a la imagen de Dios. Y Qohélet nos dirá más tarde y muchas veces que la mera capacidad de trabajar es en sí misma algo bueno y dado por Dios (p. ej., 2:24; 3:13, 22; 5:18). Así que no es de extrañar que disfrutara de todo ello *mientras trabajaba*.

Pero ahí es donde la comparación con Dios se queda corta. Porque cuando Dios "se hizo a un lado" e "inspeccionó" todo lo que sus manos habían hecho, lo vio y lo pronunció "bueno, muy bueno", ver la repetición siete veces de la palabra "bueno" en Gn 1:4-31. Dios estaba completamente satisfecho no solo "haciendo" la creación, sino con el resultado final. Después de todo lo que hizo, Dios podía bendecir, santificar y disfrutar del descanso sabático.

Pero no Qohélet. El versículo 11 es un veredicto final devastador. A diferencia de Dios, dice: "Luego observé todas mis obras" –un trabajo fenomenal– pero no pudo encontrar ningún valor perdurable o un sentido final en todo aquello. En un momento nos dará algunas razones de su pesimismo. Pero en este momento, se erige como un testimonio de total desilusión. "Y vi –dice–, que todo era *hebel*". Y si era así, ¿valió la pena? El trabajo en sí fue grandioso mientras duró, incluso si duró toda la vida. Pero la esencia misma y el significado de la vida seguían siendo un misterio como antes de comenzar.

La pregunta de 1:3 sigue sin ser respondida.

La afirmación de 1:2 sigue firme.

¡ODIO LA VIDA! (2:12-23)

"Consideré entonces…", dice Qohélet (v. 12). Cambia su punto de vista al tiempo que reflexiona sobre sus experimentos y observaciones. Ha explorado las alturas de lo que considera sabiduría y se ha hundido en las profundidades de la necedad y la locura. Ha hecho cuanto ha podido. ¡Nadie podría hacer más que "Salomón"!

12 Consideré entonces la sabiduría,
    la necedad y la insensatez
    ¿Qué más puede hacer el sucesor del rey,
    aparte de lo ya hecho?

> ¹³ Observé que es mejor la sabiduría que la insensatez,
> así como la luz es mejor que las tinieblas.
> ¹⁴ El sabio tiene los ojos bien puestos,
> pero el necio anda a oscuras. (2:12-14a).

Así que, por un lado, recuerda la respuesta común: lo que todo el mundo sabe. Existe una "sabiduría recibida" que todo el mundo aprende de sus padres, en la escuela, o en los Boy Scouts. Los versículos 13 y 14a hacen una afirmación dual muy directa. La sabiduría es mejor que la insensatez, así como la luz es mejor que la oscuridad. Es algo generalizado en el libro de Proverbios. Incluso tiene las citas correctas. El versículo 14a es el tipo de proverbio que diría tu abuela "por tu propio bien" hasta que te canses de escucharlo.

Pero luego, por otro lado, cambia para alterar por completo lo que acaba de decir: "pero me di cuenta...". Este es el primer ejemplo de algunas de las tácticas típicas del autor, así que será mejor que nos vayamos acostumbrando a ellas. Simplemente nos dice *lo que él sabe que es verdad* y luego, inmediatamente, añade por qué *no tiene sentido* o que al fin y al cabo da igual.

> ¹⁴ᵇ Pero me di cuenta
> de que un mismo final les espera a todos.
> ¹⁵ Me dije entonces:
> «Si al fin voy a acabar igual que el necio,
> ¿de qué me sirve ser tan sabio?».
> Y me dije:
> «También esto es vanidad,
> ¹⁶ Nadie se acuerda jamás del sabio ni del necio;
> con el paso del tiempo todo cae en el olvido,
> lo mismo mueren los sabios que los necios». (2:14b-16).

Ha caído de pronto del mundo que creía entender, el mundo de las verdades aceptadas, a un mundo incomprensible. Y el choque seguirá resonando a lo largo del libro mientras se debate por encontrar el modo de reconciliarlos.

Porque incluso si estás de acuerdo con las verdades convencionales de los versículos 13-14a –¿y cómo no estarlo?– te enfrentas a dos problemas que parecen sin respuesta: la muerte y el legado que dejas –o su ausencia.

La muerte (v.15)

El gran democratizador. ¿De qué sirve ser sabio si acabas tan muerto como un idiota? Es un pensamiento sombrío que se repetirá varias veces, con un pesimismo creciente (p. ej., 3:19-21; 5:15-17; 9:1-6). Aparece pronto aquí. De algún modo, Génesis 3 supera cualquier beneficio apreciable viviendo en el mundo de Génesis 1-2. Al final todos acabamos muertos.

Qohélet no es capaz de ver nada más allá de la muerte. Y como las Escrituras del Antiguo Testamento tampoco revelaban mucho sobre el asunto, podemos disculparlo un poco. Con todo, a algunos israelitas las promesas de Dios les dieron la esperanza de que, al final, los justos no serían abandonados al mismo destino que los malos. De alguna manera parecía inconcebible que la relación de un creyente con Dios, transformada por una vida de fe, amor y obediencia, simplemente se extinguiera por completo con la muerte. El Salmo 16:9-11 sugiere tal esperanza. Pero Qohélet no le presta mucha atención a las Escrituras. Lo único que se permite utilizar es lo que ve y su razón, que por sí solos no puede penetrar más allá de la muerte. Y hasta donde él puede ver, la muerte anula todo el valor de la sabiduría o de cualquier otra cosa.

El legado (v.16)

No importa lo sabio que seas en esta vida, no serás recordado por mucho tiempo después de tu muerte, como tampoco lo será el necio. Así que no sueñes con dejar algún legado maravilloso que hará que tu vida haya valido la pena. Al final, el tiempo disolverá tu memoria tanto como la tierra descompondrá tus restos.

Una vez más, es posible que Qohélet esté cuestionando deliberadamente una idea generalizada de la sabiduría de Proverbios.

> La memoria de los justos es una bendición,
> [o el nombre del justo se usa para bendecir],
> *pero la fama de los malvados se pudrirá.* (Prov 10:7; énfasis mío).

"Lo siento –dice Qohélet–, eso es solo una verdad a medias. El hecho es que todos nos pudriremos y, tarde o temprano, seremos olvidados. Tienes que superarlo".

Esto lo lleva a un estallido emocional profundo. No puede soportar esta frustrante incapacidad de encontrar el valor o significado en la vida, aun con todos sus mejores esfuerzos. Por eso ataca a la vida misma.

> [17] Aborrecí entonces la vida, pues todo cuanto se hace bajo el sol me resultaba repugnante. Realmente, todo es vanidad; ¡es correr tras el viento! [18] Aborrecí también todo el trabajo que hice bajo el sol, pues el fruto de tanto afán tendría que dejárselo a mi sucesor. [19] ¿Y quién sabe si este sería sabio o necio? Sin embargo, se adueñaría de lo que con tanto esmero y sabiduría logré hacer bajo el sol. ¡Y también esto es vanidad! [20] Volví a sentirme descorazonado de haber trabajado tanto bajo el sol, [21] pues hay quienes ponen a trabajar su sabiduría y sus conocimientos y experiencia, para luego entregarle todos sus bienes a quien jamás movió un dedo. ¡Y también esto es vanidad y una enorme desgracia! (2:17-21).

Y además de la frustración de la propia vida, imagina con amargo sarcasmo lo que podría suceder después de su muerte, a pesar de todo su arduo trabajo y lo conseguido con él. Porque puedes trabajar muchísimo toda tu vida, hacer muchas cosas buenas y construir todo un imperio empresarial, pero no puedes controlar lo que ocurrirá cuando te mueras. ¡Tu sucesor puede ser un idiota que lo desperdicie todo, que no trabajó para ello ni lo merece más que otros! ¿Qué sentido tiene eso? No es capaz de ver ninguno en absoluto.

En realidad, ese *sería* el horizonte final de desesperanza si todo lo que tuviéramos fuera esta vida sin esperanza sin ningún futuro más allá de nuestra muerte personal. Hará falta todo el resto de la historia de la Biblia para brindarnos esa esperanza y asegurarnos que lo que habremos hecho en esta vida cuenta para la eternidad en la nueva creación. En definitiva, será necesaria la resurrección de Cristo para convencernos de que "nuestro trabajo en el Señor no es en vano" (1 Cor 15:58). Pero Qohélet aún no podía tener idea de algo así.

Así que, en el versículo 22 vuelve nuevamente a su pregunta programática, la que formuló en 1:3.

> Pues, ¿qué gana el hombre con todos sus esfuerzos y con tanto preocuparse y afanarse bajo el sol? (2:22).

Y en el versículo 23 él la responde.

> Todos sus días están plagados de sufrimientos y tareas frustrantes; ni siquiera de noche descansa su mente. ¡Y también esto es vanidad! (2:23).

¿Qué obtenemos? Nada más que insomnio y desesperación, hasta que nuestros días terminen. Qohélet se inclinaría a estar de acuerdo con el famoso grafiti:

> *La vida es un asco. Mejor morirse.*

De hecho, Qohélet podría afirmar con razón haber inspirado ese sombrío resumen de la inutilidad de la vida. Reduce las observaciones más pesimistas de Qohélet a cinco palabras.

¡AMA LA VIDA! (2:24-26)

¡Entonces viene sin previo aviso un completo shock! Ni siquiera levanta la mano para hacer una pausa retórica, como diciendo: "Dicho lo cual, permítanme añadir...". No dice: "por otro lado...", ni "sin embargo...", ni sonríe animosamente: "vamos a animarnos todos un poco".

Qohélet simplemente cambia de tema y hace esta audaz declaración sobre la bondad de la vida y el trabajo, vistos como un maravilloso regalo de la mano de Dios. El contraste con los versículos 17-23 es evidente y tenso.

> [24] Nada hay mejor para el hombre que comer, beber y llegar a disfrutar de sus afanes. He visto que también esto proviene de Dios, [25] porque ¿quién puede comer y alegrarse, si no es por Dios? [26] En realidad, Dios da sabiduría, conocimientos y alegría a quien es de su agrado; en cambio, al pecador le impone la tarea de acumular más y más, para luego dárselo todo a quien es de su agrado.[6] Y también esto es vanidad; ¡es correr tras el viento! (2:24-26).

Este es la primera de las siete veces que una visión tan positiva de la vida aparece en el libro de Eclesiastés,[7] con creciente elaboración. A veces se les llama los textos *carpe diem*. ¡Aprovecha la ocasión! ¡La vida es buena! ¡Disfrútala ahora mientras puedas! Disfruta de las cosas buenas que Dios nos ha dado.

---

[6] Este versículo bastante enigmático probablemente tenga más sentido si se lo considera como una contrapartida a los versículos 14b-15. Estos versículos podrían implicar que, en última instancia, no hay diferencia entre la sabiduría y la necedad, entre el bien y el mal, ya que la muerte elimina todas las diferencias. El versículo 26 responde que Dios preserva las diferencias. Dios conoce a quienes le agradan y a quienes no, y actuará con cada cual de forma adecuada. Hay una diferencia moral en el universo y Dios la mantendrá. El versículo no es un mandato para la redistribución forzosa de la propiedad de los pecadores a los justos, porque solo Dios tiene la prerrogativa y el discernimiento para ejercer tal juicio.

[7] Ver también 3:12-14, 22; 5:18-20; 8:15; 9:7-10; 11:7-10.

Ahora bien, hemos de tener cuidado al interpretar la frase "no hay cosa mejor". Puede expresar un sentido bastante negativo o escéptico. En lenguaje coloquial utilizamos a veces la expresión "cosa mejor" de una manera que expresa un juicio crítico. Podríamos quejarnos al camarero de un restaurante: "Esta comida es basura. ¿No tienes *otra cosa mejor* que darme?". O ese padre frustrado que suplica a su hijo perezoso que le hace perder el tiempo: "¿No tienes *una cosa mejor* que hacer que estar ahí tumbado todo el día?". En ese sentido, podríamos pensar que Qohélet está diciendo: "Puedes disfrutar comiendo, bebiendo y trabajando, porque, aunque es un miserable montón de basura, es lo mejor que puedes sacar de esta vida. Es bastante poco, pero no hay otra cosa mejor. Aprovéchalo". Este tipo de escepticismo no es la manera como el idioma hebreo lo habría expresado.

Tampoco debemos tomar estos versículos como una especie de "todo vale" hedonista: "La vida es una completa pérdida de tiempo, así que más vale comer, beber y divertirnos, porque mañana moriremos". Es decir, simplemente ceder a la búsqueda desenfrenada del placer ante las frustraciones de la vida. Pero nuestro protagonista ya lo intentó y sabe que fue una farsa inútil.

No, parece que Qohélet está haciendo aquí lo que va a seguir haciendo una vez tras otra. Está expresando su *respuesta alternativa* a la pregunta clave de 1:3. Sabemos cuál es su *respuesta predominante*, la cual queda clara a lo largo del libro: la vida es *hebel*, desconcertante y enigmática. Pero no puede alejarse de las verdades fundamentales de su fe bíblica israelita. Puede que no entienda mucho sobre la vida en este mundo, pero aun así entiende lo siguiente, porque es axiomático de su identidad misma como israelita: la vida es buena, porque proviene del buen Dios nuestro Creador.

Naturalmente, tenemos que vivir con las consecuencias sombrías y decadentes de Génesis 3: maldición, frustración, muerte, inutilidad. Pero Génesis 1 y 2 todavía cuentan. Esos capítulos y otras Escrituras que se basan en ellos todavía constituyen el fundamento subyacente de la vida en esta tierra. Es Dios quien nos ha dado la vida, el alimento, el vino, el trabajo, y *es correcto y oportuno disfrutarlos al máximo*. Lo contrario sería echarle en cara a Dios sus buenos dones. Eso *no* estaría bien. Lo que *sí* está bien es tomar estos regalos de la mano de Dios y disfrutarlos.

Cabe señalar que Dios está completamente ausente en toda la sección de 1:12–2:23, aparte de la acusación mordaz de 1:13. Qohélet confiaba únicamente en sus observaciones y experimentos, guiado por su propia y cuestionable sabiduría. Mientras que, en claro contraste, Dios es completamente el centro de 2:24-26. Entonces Qohélet acepta que Dios nos ha creado para vivir y trabajar en su buena creación y que es tanto un deber y un gozo responder a Dios con una vida bien agradecida y positiva.

Pero creo que sería un error pensar que Qohélet está inmerso en alguna forma de ventriloquia autocorrectora. Es decir, no es que primero se *imagine* a alguien diciendo un montón de cosas negativas sobre la vida *sin Dios*, para luego corregirlas piadosamente con un feliz: "Pero si incluyes a Dios en la escena, todo tiene sentido y puedes estar contento y feliz después de todo". Pero él no es tan ingenuamente simplista. Porque lo que él va a señalar a medida que avancemos –y lo aclara al final del v. 26– es *que aun cuando se incluye a Dios en la escena, algunas veces la vida sigue sin tener mucho sentido.* Como dije antes, para Qohélet Dios no es la solución sencilla de todos sus problemas. En todo caso, es su fe en la realidad y la soberanía de Dios lo que agrava sus conflictos. Ese es el problema del monoteísmo bíblico. ¡Saber que hay un Dios vivo y soberano y que él mismo es parte del problema!

No es una batalla entre ateísmo y fe. Es una batalla *dentro* de la fe misma. Es la batalla entre lo que se sabe y se cree que es bueno y verdadero, y lo que se observa, que no tiene sentido y es desconcertante, en el mundo que Dios creó, sobre el que Dios nos gobierna y en el que nos ha puesto.

Qohélet está en conflicto con el *Dios* al que no entiende y con el *mundo* al que tampoco entiende. Intentar armonizarlo todo simplemente lo desconcierta hasta donde alcanza a ver, al final, la conclusión es *hebel*.

Se abre entonces un enorme abismo. ¿Puedes verlo y sentirlo al llegar al final de esta primera etapa de su largo viaje?

De un lado del abismo, está el misterio desconcertante y aparentemente sin sentido de la vida: un montón de preguntas sin respuesta que la vida plantea. No importa lo mucho que trabajes o lo inteligente que seas, todo se termina con la muerte.

Pero al otro lado del abismo está la pura bondad y alegría de vivir en la creación de Dios, cuando se la acepta con alegría de su mano. Pero incluso cuando saboreamos la maravillosa alegría de la vida, la comida, la bebida, el trabajo, el matrimonio, etc., esto solo consigue que el contraste sea aún más profundo y discordante con el quebrantamiento, el dolor y la injusticia de lo que vemos a nuestro alrededor. La fe y la observación parecen ser polos opuestos. El autor simplemente los coloca uno al lado del otro.

Primeros los versículos 22-23.
Luego los versículos 24-25.
Y un abismo en el medio.

¿Cómo se puede salvar este abismo? ¿Hay algo que él o nosotros podamos poner para armonizar estos puntos de vista contradictorios sobre la vida? ¿Pueden ser verdad las dos posturas? ¿O tendrá una de ellas que prevalecer sobre la otra? Tenemos todo un viaje por delante, porque la investigación de Qohélet acaba de comenzar.

Quizás sea esta la clase de preguntas con las que tú también luchas. Quizás sean preguntas que te hacen otras personas sorprendidas de que perseveres siendo alguien con fe cuando hay tantas cosas en el mundo que parecen contradecir lo que crees. Recuerda que Qohélet también era una persona de fe.

Este es el asunto: tener fe no significa que uno *no* tenga preguntas. Y de la misma manera, tener fe *no* significa tener respuestas bonitas y fáciles a tales preguntas.

Pero por el momento, sigamos acompañando a Qohélet en su viaje, tratando de ver las cosas desde su punto de vista, caminando en sus sandalias y escuchándolo hasta llegar al final de su investigación.

PREGUNTAS PARA LA REFLEXIÓN Y EL DEBATE

1. ¿Alguna vez te han hecho –o te has hecho a ti mismo– la pregunta clave de 1:3? ¿Qué respuestas se te han ocurrido? ¿Por qué es importante la pregunta?
2. Discute de qué diferentes maneras Qohélet intentó –y fracasó– encontrar significado y satisfacción en la vida en 1:16–2:11. ¿Hay formas equivalentes modernas de hacerlo? ¿Añadirías alguna que la gente de hoy en día prueba? ¿Por qué no aportan ningún significado definitivo a la vida?
3. Hay tensión entre las *emociones* de Qohélet en 2:17-18 y sus *convicciones* en 2:24-25. ¿Has sentido alguna vez la misma tensión? ¿Conoces personas que expresen la misma clase de tensión o de confusión? ¿Cómo podemos vivir con ello?

CAPÍTULO II

LOS MISTERIOS DEL TIEMPO Y LA INJUSTICIA

Eclesiastés 3:1-4:3

Qohélet ha estado muy ocupado con la investigación descrita en los dos primeros capítulos del libro. Así que ahora pasa de todo ese análisis tan específico de la vida y el trabajo y de todos sus intensos proyectos a una reflexión mucho más amplia y filosófica sobre los ritmos de la vida en general. Reflexiona sobre nuestra experiencia de la vida en este mundo temporal y nuestra intuición de que debe haber algo más allá del tiempo. ¿Cuál es el significado de todo esto?

Comienza esta parte de su viaje con otro poema, el segundo de su libro.

EL MISTERIO DEL TIEMPO Y LA ETERNIDAD (3:1-15)

> [1] Todo tiene su momento oportuno;
> hay tiempo para todo lo que se hace bajo el cielo:
> [2] tiempo para nacer y tiempo para morir;
> tiempo para plantar y tiempo para cosechar;
> [3] tiempo para matar y tiempo para sanar;
> tiempo para destruir y tiempo para construir;
> [4] tiempo para llorar y tiempo para reír;
> tiempo para estar de luto y tiempo para bailar;
> [5] tiempo para esparcir piedras y tiempo para recogerlas;
> tiempo para abrazarse y tiempo para apartarse;
> [6] tiempo para buscar y tiempo para perder;
> tiempo para guardar y tiempo para desechar;
> [7] tiempo para rasgar y tiempo para coser;
> tiempo para callar y tiempo para hablar;
> [8] tiempo para amar y tiempo para odiar;
> tiempo para la guerra y tiempo para la paz. (3:1-8)

El poema: orden y equilibrio de la creación (3:1-8)

Intenta leer el poema lentamente y en voz alta, haciendo una pausa después de cada verso. Es una observación bastante inspiradora, atmosférica y bellamente equilibrada.

El versículo 1 asienta la idea básica. Todo tiene su tiempo y hay un tiempo para todo. Toda nuestra vida se rige por la forma en que las diferentes cosas "encajan" en el tiempo que se les asigna. Las cosas "encajan" no solo en el sentido de ser oportunas en un momento u otro, sino también en el sentido de ser las *adecuadas* para tal o cual momento. Algunas cosas que no encajarán en otro momento o lugar encajarán aquí y ahora.

La lista de parejas es interesante.

- A veces los opuestos son positivos y negativos (vv. 2, 3).
- A veces los opuestos tienen que ver con nuestra vida laboral (vv. 2b, 3b, 5a, que probablemente se refiere a la agricultura y construcción).
- A veces los opuestos tienen que ver con las emociones (vv. 4, 5b, 8a).
- A veces los opuestos tienen que ver con las relaciones (vv. 5b, 7b).
- A veces los opuestos parecen ser puramente pragmáticos (v. 6).

Y así podríamos seguir. Cuanto más reflexionamos sobre cada verso del poema, más envía nuestras mentes a toda una variedad de escenas imaginarias y experiencias familiares que todos reconocemos. También abarca la vida humana de manera muy amplia: personal, social e incluso internacional.

Pero ¿qué "dice" el poema? Bueno, naturalmente, como buena parte de la poesía, la interpretación está en la mente del lector. Pero parecen implicados al menos dos niveles de significado, aunque puede haber otros.

Primero, la vida tiene sus ritmos y cambios inexorables. Esto puede hacer que la vida sea refrescantemente variada. Las cosas cambian y fluctúan de una cosa a otra. No nos aburrimos de que las cosas sean las mismas "todo el tiempo". La vida misma tiene sus "tiempos" establecidos: el sol y la luna, el día y la noche, las estaciones y el clima, el ritmo de las semanas. Por otro lado, si leemos el poema en voz alta podría comenzar a sonar con la misma futilidad repetitiva que encontramos en el poema acerca del ciclo de la vida en 1:4-11. El tiempo *parece* seguir cambiando, pero quizás lo que hace es simplemente dar vueltas y más vueltas. O simplemente oscile como un péndulo hacia adelante y hacia atrás. Es hora de tal cosa; hora de la otra… Tic tac, tic tac… Puede ser. Pero quizás se nos ocurra algo más profundo.

Segundo, el tiempo es siempre "para" algo. El tiempo no es neutro. No es "solo tiempo", una función abstracta de nuestro universo espacio-temporal. El tiempo es más que la consecuencia impersonal de la expansión del universo y el giro de la Tierra sobre su eje y su órbita planetaria alrededor del Sol. El tiempo siempre está lleno de contenido. El tiempo es "para" algo. El tiempo nos lanza la pregunta: "¿Qué hora es?". Y esa pregunta suele querer decir más que "por favor, mira el reloj y dime la hora". Implica, ¿qué deberíamos estar *haciendo* en este momento?

Además, el tiempo nos desafía con respecto a la respuesta adecuada al momento cualquiera que sea para nosotros ahora. El desafío del tiempo podría ser: "*Atrápalo*; ¡no pierdas la oportunidad!". Pero, por otro lado, el desafío del tiempo también podría ser: "*Espera*; este no es el momento adecuado para eso".

Por eso también hablamos de "etapas de la vida". Hay cosas que están bien para una determinada edad, pero no para otra. En este momento, a mi edad, no sería un buen momento para volver a jugar al rugby. Pero con quince años y estando lo suficientemente en forma para jugar al rugby, no habría sido el momento adecuado para asumir la dirección de una organización misionera global como Langham Partnership.

En el libro de Proverbios, parte de la sabiduría de los sabios reside exactamente en saber lo que es adecuado y encaja en cualquier circunstancia o momento determinado. Se supone que Dios ha ordenado su creación de esta manera. La vida tiene su sistema y su orden; el tiempo no es algo simplemente aleatorio o vacío. Es parte de la creación de Dios. El tiempo es parte de la manera que Dios tiene para darle una estructura a nuestras vidas, personal y socialmente. El tiempo, desde la separación de la noche y el día en Génesis 1, es una de las bendiciones y regalos de la creación para nosotros. *La sabiduría, pues, está en entender lo que en un momento dado es oportuno*. Necesitamos responder correctamente y elegir sabiamente, de acuerdo con el funcionamiento de las cosas. "¡Sigue el programa!". Vivir sabiamente significa vivir en sintonía con el orden creado por Dios, incluido el tiempo creado.

Así que, al menos parte del mensaje implícito en el poema es que la sabiduría consiste en saber qué hora es. Y saber cómo actuar, o no actuar, a la luz de tal conocimiento.

No obstante, tras del poema viene la reflexión.

Reflexión: indicios de eternidad y límites del tiempo (3:9-15)

a) Otra vez la pregunta clave (3:9)

Tan pronto como concluye su poema, Qohélet vuelve a su pregunta clave, la que formuló cuando estaba iniciando toda su investigación en 1:3.

¿Qué provecho saca el trabajador de tanto afanarse? (3:9).

Es como si nos dijera. "Bonito poema, ¿no te parece? Espero que entiendas algo de su significado. Pero ¿de qué te sirve vivir y trabajar en este mundo estructurado según el tiempo?".

O míralo de esta manera: Si todos esos tiempos equilibrados son de algún modo "tiempos de Dios", correspondiendo de manera misteriosa al ritmo y estructuras del tiempo que Dios ha construido en la creación, entonces, ¿cuál es el valor del trabajo humano en "nuestros tiempos"? Solo saber que hay un tiempo oportuno para todo no responde realmente a la pregunta fundamental. Incluso si ajustas tus tiempos adecuadamente, ¿qué sentido tiene todo esto?

Se trata de una pregunta muy difícil de responder para Qohélet. De hecho, es una pesada carga que Dios ha colocado sobre todos nosotros.

He visto la tarea que Dios ha impuesto al género humano para abrumarlo con ella (3:10).

Qohélet responde entonces a su gravosa pregunta de dos maneras: por un lado, en el versículo 11, responde partiendo de lo que puede ver y lo que no puede ver, pero sospechando que ha de ser verdad; y por otro lado (en los versículos 12-15), responde según lo que sabe basado en su firme fe israelita.

b) Primera respuesta: según lo que puede ver y lo que no puede ver (3:11)

El versículo 11 es uno los versículos clave del libro. Expresa a la vez una verdad y un enigma profundos.

> Dios hizo todo hermoso en su tiempo, luego puso en la mente humana la noción de eternidad; aun cuando el hombre no alcanza a comprender la obra que Dios realiza de principio a fin. (3:11).

Qohélet reconoce que el "tiempo", tal como él lo observa, ha sido creado *por Dios*. El tiempo es parte de la buena y hermosa creación de Dios. Hay un tiempo para todo, para que todo "concuerde", sea bello, en su momento. El tiempo es como un enorme, grande y hermoso tapiz que cuenta una historia maravillosa, extendido sobre metros y metros de pared de alguna gran mansión. Todo en el tapiz del tiempo es hermoso en su sitio en medio del panorama general y la historia en proceso de desarrollo.

Y si podemos ver parte de esa belleza, en cualquier parte del tapiz del tiempo en el que vivamos, intuitivamente sospechamos que el tapiz ha de ser más grande. Realmente sospechamos que debe haber algo incluso más allá del tapiz: una pared que se extiende a ambos lados o una habitación entera por delante o por detrás del tapiz. Lo poco que podemos ver de la imagen es maravilloso en sí mismo, pero apunta a algo cada vez más grande, una realidad de la vida misma de la que el tapiz forma parte, algo que contiene al tapiz pero que no está contenido dentro de él.

Sabemos que debe existir una realidad más grande más allá de la pequeña parte del tapiz temporal que podemos ver porque vivimos allí. De hecho, sospechamos que debe haber un tapiz mucho más amplio que esa pequeña parte nuestra, pero no podemos ver ni captar el significado de todo el tapiz de un extremo al otro.

¿Por qué no? ¡Porque vivimos dentro del tapiz!

Qohélet convierte esa realidad en una declaración teológica resumida en el versículo 11 en tres partes:

1. Dios ha hecho las maravillas y la belleza del tiempo. Podemos observar esto a través de nuestra experiencia viviendo en la creación de Dios, de la que el tiempo es parte integral.
2. Dios ha puesto eternidad en los corazones humanos. Lo sentimos en nuestros corazones; es una intuición que Dios ha puesto en nosotros como criaturas hechas a su imagen y que conocemos a nuestro Creador.
3. Pero no podemos comprender en su totalidad lo que Dios ha hecho. Nuestro conocimiento es finito y limitado. No podemos anticipar ni ver más allá de nuestro propio tiempo, y mucho menos todo el tiempo histórico, pasado o futuro.

Nuestras mentes pueden comprender que existe un patrón en los tiempos de la vida y de la historia. Hasta ahora, todo va bien. Pero no podemos ver lo suficientemente lejos en ninguna dirección para conocer el origen o el punto final, y mucho menos el propósito del todo. Como un personaje entretejido en el tapiz mismo, es posible que podamos asomar la cabeza unos centímetros, mirar un poco a nuestro alrededor y ver el pasado inmediato y el futuro de nuestra propia parte de la historia. Pero no podemos salirnos tanto del tapiz como para entrar en la habitación y verlo todo. No tenemos la altura o la perspectiva desde dentro del tapiz para ver y comprenderlo en su plenitud en el tiempo, sus orígenes, su propósito y su meta definitivos.

Curiosamente, la ciencia está investigando más y más profundamente en la primera dirección, es decir, retrocediendo a los *orígenes* del tiempo y el espacio. Con herramientas e instrumentos increíbles, son capaces de "ver" microsegundos del Big Bang. Pero no pueden observar ese evento en sí, esa singularidad en la que todas las fuerzas del universo estaban concentradas en una densidad infinitamente pequeña. Entonces sí, podemos investigar retrocediendo en el tiempo casi hasta el origen del universo. Pero la ciencia, en su forma altual, se niega a plantear y mucho menos a intentar responder la pregunta en la dirección opuesta: *¿para qué sirve todo esto?* ¿Existe algún diseño, propósito o meta final para este flujo inexorable del tiempo en la creación? "¿Dónde terminará todo esto?", es la pregunta popular y desesperada sobre los problemas de la vida. Pero la pregunta más importante es: "*¿Con qué fin* empezó todo?".

Y esa es una pregunta que puede responderse, no desde dentro de los límites del tiempo y el espacio mismos, sino únicamente mediante la revelación desde fuera del tapiz por parte de quien lo creó en primer lugar y teje los hilos.

El significado del tapiz en su conjunto proviene de su diseñador, no de los personajes del tapiz en sí. Ellos son participantes en la historia que él dirige hasta la conclusión prevista.

Como se puede ver, este es el obstáculo con el que Qohélet chocará una y otra vez. No obtendrá una respuesta al significado de la vida en este mundo desde dentro del mundo mismo mediante lo que sus ojos puedan ver. Eso sí, ¡seguirá intentándolo! Pero en lo profundo de su corazón, él conoce la verdad limitante de lo que acaba de decir en el versículo 11 y la ampliará en el versículo 14. Y eso lo lleva a su segunda respuesta.

c) Segunda respuesta: según lo que sabe (3:12-15)
Hay dos cosas que en estos versículos Qohélet dice que sabe. Saltemos momentáneamente al versículo 14 y volvamos a los versículos 12 y 13 más adelante.

Como israelita, Qohelet sabe que Dios es el Creador y, por tanto, solo Dios tiene la clave para entender todo el tapiz. Dios puede ver el panorama completo. Solo Dios capta la totalidad de la vida, del universo y de todo lo demás.

Sé que todo lo que Dios hace es perpetuo: Nada hay que añadir ni nada que quitar. Dios lo hace *para que los hombres teman delante de él.* (3:14; RVR1995; énfasis mío).

Dios gobierna el tiempo y todas sus acciones en la historia son duraderas en cuanto a su propósito y efectos. Las cosas pueden cambiar con el tiempo, claro, pero los propósitos de Dios perduran para siempre.

Por tanto, ya sea que leas los poemas de 1:4-11 –los ciclos de la vida– y 3:2-8 –los ritmos de la vida– de una manera positiva o negativa –o de ambas maneras–, al aplicarlos a tu experiencia vital en toda su variedad, al final Dios sigue siendo soberano. Y a través de todos los cambios y contingencias del tiempo, Dios nos invita a "temerle" (3:14b).

El temor del Señor es un tema dominante en la literatura sapiencial –de hecho, Qohélet volverá a tocar el asunto justo antes de terminar. Es una frase repetida en Proverbios,[8] y define el carácter de Job.[9] Es un tema dominante en Deuteronomio.[10] Significa no solo que debemos respetar la "divinidad" de Dios y tomarlo en serio; también incluye reconocer su gracia redentora –en el éxodo–, confiar en su providencia, obedecer

---

[8] P. ej., Proverbios 1:7; 2:5; 3:7; 8:13; 9:10; 14:26; 15:16; 19:23; 23:17; 31:30.
[9] Job 1:1, 8; 2:3; cf. 28:28.
[10] P. ej., Dt 5:29; 6:2; 10:12; 13:4; 14:23; 17:18-19.

sus mandamientos y reflejar su carácter. Así que este es un momento del libro en el que la fe israelita de Qohélet envía un destello de luz bíblica a través de las nubes más oscuras de preguntas que muestran su desconcierto y escepticismo.

El siguiente verso arroja otro rayo de luz. Hay algo más que Cohélet sabe, no con los ojos de su cabeza sino con los ojos de la fe.

> Lo que antes fue, ya es,
> y lo que ha de ser, fue ya;
> y Dios restaura lo pasado. (3:15; RVR1995).

Los dos primeros versos del versículo 15 pueden sonar como un resumen del poema del capítulo 1. Como si la historia fuera solo una gran repetición siempre de lo mismo. Pero el último verso inyecta un elemento fundamental de fe bíblica. El Dios de la fe bíblica es el juez de toda la tierra y hará lo correcto. Al final, Dios pedirá cuentas de todo. No quedarán cabos sueltos. No quedará nada escondido debajo de la alfombra. El pasado está abierto ante Dios y habrá un "arreglo final". De hecho, esta es una parte importante del evangelio bíblico. Es una buena noticia saber que el mal y la vaciedad no tendrán la última palabra. Dios hará justicia. Dios vendrá, como prevé el final de los Salmos 96 y 98, a juzgar la tierra con justicia y equidad y toda la creación se regocija ante tal perspectiva.

Además, si Dios estaba "allí" tanto en el pasado como en el presente, nada del pasado, presente o futuro quedará en el olvido. Qohélet amplifica este pensamiento más adelante en el versículo 17, al que llegaremos en un momento.

Retrocediendo un poco a los versículos 12-13, podemos llegar ahora a lo primero que Qohélet dice saber.

> ¹² Sé que no hay para el hombre cosa mejor que alegrarse y hacer bien en su vida, ¹³ y también que es don de Dios que todo hombre coma y beba, y goce de los beneficios de toda su labor. (3:12-13; RVR1995).

Sabiendo que Dios es soberano y justo (vv. 14-15), podemos aceptar de todo corazón en la creación de Dios aquellos aspectos de la vida que él nos da.

Este es el segundo de sus siete pasajes *carpe diem* en reafirmación de la vida. Y es el más claro de todos. Simplemente dice que las alegrías de la vida son un regalo de Dios, sin ninguna calificación negativa. La vida *es buena*, así que disfrútala y *haz el bien*. Menciona lo "bueno/bien" dos veces, y eso, naturalmente, nos recuerda esa palabra fuertemente creacionista de Génesis 1. Qohélet está de acuerdo con Dios, quien dijo siete veces en Génesis 1 que lo que había creado era "bueno".

Por tanto, dice Qohélet ¡disfrútala!

Una vez más, pues, ha abierto una brecha, como vimos en 2:24-26, al contrastar frente a frente estas declaraciones.

- Solo mediante la observación no podemos comprender todo el significado del tiempo y la eternidad; con nuestra perspectiva limitada hay demasiadas cosas que simplemente no sabemos, aunque podemos sentir que hay una realidad eterna más allá del tiempo mismo; vv. 10-11.
- Pero *sí* sabemos que Dios tiene el control y que la vida es buena, así que disfruta de la vida y haz el bien; vv. 12-15.

Esta es una tensión que encontraremos en permanente contradicción a lo largo del libro, entre lo incierto de lo que observamos y lo que sabemos cierto por la fe.

EL ESCÁNDALO DE LA INJUSTICIA (3:16-22; 4:1-3)

Siguiéndole la pista a Qohélet hasta este punto, podríamos estar preparados para adaptarnos a vivir con esa tensión. Quizás podríamos aceptarlo sin más con cierta resignación o incluso con indiferencia: "Bueno, sé que nunca voy a entender todo acerca de este mundo complicado y la forma en que Dios lo ha creado. Pero está bien. Puedo soportarlo".

Pero justo cuando podríamos estar llegando a ese pensamiento moderadamente cómodo, Qohélet nos enfrenta a uno de los mayores escándalos de la experiencia humana: la perversión de la justicia. O, en el grito que sale de los labios de todo niño desde temprana edad: "¡Eso no es justo!".

> Vi más cosas debajo del sol:
> en lugar del juicio, la maldad;
> y en lugar de la justicia, la iniquidad. (3:16; RVR1995).

Tan conciso y tan cierto. Es algo que observamos todos los días si prestamos atención a las noticias. "Vi...", dice Qohélet. Y nosotros también vemos. El versículo 16 expresa con tan solo doce palabras en hebreo uno de los hechos más espantosos, frustrantes, rabiosos y decepcionantes de la vida en nuestro mundo. Suceden cosas que hacen que nuestra sangre hierva y nuestro enfado se desborde. Tramposos, mentirosos, estafadores y delincuentes de todo tipo destruyen la vida de otras personas de múltiples maneras y abiertamente se les permite "salirse con la suya".

No es solo que sepamos que la gente se comporta mal. El mundo está lleno de delincuentes y estafadores. El verdadero enfado surge cuando vemos que allí mismo *donde debería hacerse justicia* hay corrupción. Eso incluye a los órganos políticos e instituciones, la policía, los tribunales e incluso empresas y entidades financieras que deberían operar de acuerdo con reglas justas. Pero con Qohélet observamos que incluso "allí" —allí *en todas partes*— vemos maldad, iniquidad, injusticia. Todo está terriblemente mal. La justicia deliberadamente pervertida golpea profundamente en nuestra intuición de lo que significa en realidad ser humanos. Nuestro enfado es muy real y justificado, y es un pálido reflejo de la respuesta de Dios a la acumulación de lo que describe el versículo 3:16.

Un poco después vuelve a esta sombría realidad de la vida humana con otra fina observación.

[1] Me volví y vi todas las violencias que se hacen debajo del sol: las lágrimas de los oprimidos, sin tener quien los consolara; no había consuelo para ellos, pues la fuerza estaba en manos de sus opresores. [2] Alabé entonces a los finados, los que ya habían muerto, más que a los vivos, los que todavía viven. [3] Pero tuve por más feliz que unos y otros al que aún no es, al que aún no ha visto las malas obras que se hacen debajo del sol. (4:1-3; RVR1995).

Estos versículos muestran que Qohélet no es un escéptico de salón. No es un observador profesional, reportero endurecido harto de ver escenas de desastres, un comentarista "objetivo" con un equipo de cámara que cuenta la historia, pero mantiene controladas sus propias emociones. No, lo que ve lo conmueve profundamente. Siente pena y dolor genuinos ante la opresión y el sufrimiento del mundo.

Y a Dios también le pasa. La opresión de los pobres es insultante para Dios: le duele, le entristece y le enoja. Presta atención a algunas palabras del libro de Proverbios.

El que oprime al pobre ofende a su Creador. (Prov 14:31).

El que se burla del pobre ofende a su Creador. (Prov 17:5).

[22] No explotes al pobre porque es pobre
ni oprimas en los tribunales a los necesitados;
[23] porque el Señor defenderá su causa
y despojará a quienes los despojen. (Prov 22:22-23).

Las voces de los profetas son aún más severas. Lee Isaías 58:6-10, Ezequiel 22:6-12 o Amós 2:6-7. Son solo una pequeña selección de textos que expresan la reacción de Dios ante la injusticia sistémica y la opresión de los pobres y de los más vulnerables.

Y seguramente nuestros propios corazones rechinan, aunque solo sea débilmente, con la actitud de Dios hacia tal opresión y sufrimiento de los pobres y marginados del mundo. ¿Cómo podemos afrontar emocionalmente la magnitud del sufrimiento en nuestro mundo? Solo vemos una pequeña parte. ¿Cómo lo afronta Dios? Dios ve y conoce el sufrimiento de cada madre con su hijo hambriento o herido, de cada padre afligido, de cada refugiado sin hogar, sin trabajo y apátrida; de cada niña y mujer objeto de tráfico y violada, cada niño que trabaja como un esclavo; ¡cada criatura atrapada, envenenada o sin escapatoria, cada pajarillo que cae en tierra (Mt 10:29-31)! No es solo un mundo que nos deja desconcertados; es también un mundo que no podemos soportar ver por mucho más tiempo.

Volviendo a Qohélet, su dolor es tal que lo lleva a la terrible opinión que expresa en 4:2-3. Sería mejor morir y no tener que ver más todo el sufrimiento del mundo –dice. Pero sería aún mejor no haber nacido nunca e ignorar el doloroso mundo de los vivos. Es el mismo sentimiento sombrío que encontramos en el tormento de Job 3:3-5 y Jeremías 20:18.

Pero, naturalmente, ¡eso que es "mejor", no es posible! No es posible no haber nacido y a la vez estar vivo. Es la *terrible ironía de la existencia humana*. ¡La existencia es tan dolorosa que la no existencia sería mejor! Es el tipo de desesperación en el que todavía se hunden algunas personas en nuestro mundo, con consecuencias devastadoras.

¿Cómo podemos responder a esta horrible realidad global: el dolor y el sufrimiento de nuestro mundo?

Una vez más, Qohélet responde de dos maneras completamente contrapuestas: ¡dejando que nos tambaleemos entre ellas, rascándonos la cabeza y sin comprender lo que realmente quiere decir!

En 3:17 nos da su respuesta *confesional*: lo que él cree. En 3:18-20 nos da su respuesta *observacional*: lo que él ve.

Lo que él cree (3:17)

Y dije en mi corazón: "Al justo y al malvado juzgará Dios; porque allí hay un tiempo para todo lo que se quiere y para todo lo que se hace". (3:17; RVR1995)

En el versículo 17 Qohélet retoma el tema de su poema sobre el tiempo. Si hay un tiempo para todo, y si Dios gobierna sobre el tiempo, entonces podemos estar seguros de que habrá un tiempo para el juicio. La injusticia en el mundo nos desconcierta y nos enfada. Pero *Dios* conoce la diferencia entre los justos y los malvados y tratará a cada cual de la manera oportuna. Dios conoce todo lo que se ha hecho a lo largo de toda la historia de la humanidad: pasado, presente y futuro. Por tanto, Dios será el juez final de toda conducta humana. Y su juicio se basará en ese conocimiento total de una manera en la que ningún juicio humano jamás podrá basarse.

En sus momentos de pesimismo, Qohélet teme que toda la vida en la tierra sea meramente cíclica y que todo quede olvidado en el gran vórtice del tiempo universal. Pero esos temores obtienen respuesta con el conocimiento de que Dios es soberano sobre todo el tiempo creado y que todo acabará rindiéndole cuentas. Los hechos pasados no están "perdidos". Qohélet sí cree en la justicia y en el juicio de Dios. Y lo ve como algo positivo a lo que aferrarse. Esta es una verdad que Qohélet vislumbra de forma bastante fugaz. Pero para comprenderlo plenamente necesitamos el resto de la historia bíblica, incluido su clímax en Cristo y su final en el Apocalipsis. Eclesiastés 3:17 establece un elemento fundamental de la fe y la cosmovisión bíblica: Dios es el auditor y árbitro final de toda la historia y de toda la actividad humana. ¡Gracias a Dios!

Durante unos diez años me divertí mucho arbitrando partidos de rugby, habiendo sido jugador y siendo todavía un gran aficionado a este deporte. El árbitro goza de una gran autoridad ante los jugadores. Es posible que no siempre estén de acuerdo con sus decisiones y tampoco él va a acertar siempre. No siempre puede ver todas las infracciones. Pero, como dicen las reglas del juego, "el árbitro es el único juez de los hechos que se producen en el campo". Lo que decida el árbitro, ¡eso es! Hoy en día, por supuesto, el árbitro puede remitir las decisiones a otra autoridad, el VAR, el *Video Assistant Referee*, quien puede estar de acuerdo o modificar la decisión inicial del árbitro en el campo. Pero la realidad es que, incluso después de consultar, la decisión del árbitro es definitiva.

Dios es realmente el único árbitro en el campo de toda actividad humana, la autoridad decisiva final, el juez último de todas las personas, todos los hechos, todas las reclamaciones. ¡Y Dios no necesita un VAR! ¡Tampoco necesita ver repeticiones desde múltiples ángulos! Dios ve y Dios sabe. Dios sabe el qué y el porqué, las acciones y los motivos. Eso es lo que dice –es impresionante si nos detenemos a pensar– el Salmo 33, que seguramente sería parte del trasfondo teológico de la propia suposición de Qohélet en 3:17.

> [13] El Señor observa desde el cielo
>   y ve a toda la humanidad;
> [14] él contempla desde su morada
>   a todos los habitantes de la tierra.
> [15] Él es quien formó el corazón de todos
>   y quien conoce a fondo todas sus acciones. (Sal 33:13-15).

Pero saber que Dios es el juez final es también una esperanza oculta. Porque, como Abraham pudo recordarle al propio Dios: "Tú, que eres el Juez de toda la tierra, ¿no harás justicia?" (Gn 18:25). Los israelitas del Antiguo Testamento sabían que la justicia por la cual Dios juzga a los malvados es la misma justicia por la cual Dios vindica, salva y redime (p. ej., Is 45:21-25). *Dios hará lo que es justo,* tanto en la condenación como en la salvación. Dios siempre será fiel a las promesas de su pacto, así como a sus amenazas. De modo que los salmistas apelan una y otra vez a la *justicia* salvadora de Dios. Celebran "la justicia del Señor", es decir, sus grandes actos de la salvación de Dios como el éxodo.

Qohélet, como israelita que conocía las Escrituras y la historia que estas contaban, tenía que conocer y recordar algo de aquellas promesas y acciones salvadoras de Dios, como baluarte de esperanza en medio de los horrores de la injusticia en el mundo. Pero, aunque reconoce la realidad de Dios y expresa como artículo de fe que Dios es el juez final, presta poca atención a esa gran historia redentora y, en cambio, tropieza con lo que ve a su alrededor. Y allí no encuentra consuelo, sino todo lo contrario.

Lo que él ve (3:18-20)

Ve que las personas mueren de la misma manera que mueren los animales. Así que, supongamos que mueres antes de ver el juicio de Dios sobre los impíos o la vindicación de los justos, es decir, *antes* de tener la oportunidad de presenciar que el versículo 17 realmente se cumple. Supongamos que todo lo que ve a lo largo de toda la vida es la escandalosa injusticia del versículo 16 y el dolor repugnante de 4:1-3. ¿Qué pasa? ¿acaso eres mejor que las bestias?

> [18] Dije también en mi corazón: «Esto es así, por causa de los hijos de los hombres, para que Dios los pruebe, y vean que ellos mismos son semejantes a las bestias». [19] Pues lo mismo les sucede a los hijos de los hombres que a las bestias: como mueren las unas, así mueren los otros, y todos tienen un mismo aliento de vida. No es más el hombre que la bestia, porque todo es vanidad.

²⁰ Todo va a un mismo lugar;
todo fue hecho del polvo,
y todo al polvo volverá. (3:18-20; RVR1995).

Los versículos 19 y 20 son hechos observables sencillos e indiscutibles. También son completamente ciertos a su propio nivel. En términos puramente materiales, realmente no hay diferencia entre un cadáver humano y una vaca o un perro muertos. Compartimos el mismo cóctel de biología y química. Compartimos el mismo "aliento de vida": la vida creada que Dios da a todas las criaturas vivientes (Gn 1:24, 30; 2:7; 6:17; 7:22). Y como dice el salmista de todas las criaturas, que cuando Dios les quita el aliento, "mueren y vuelven al polvo" (Sal 104:29). La muerte nos devora a todos, humanos y bestias. Y la cruel verdad de Génesis 3:19 se impone: "Polvo eres y al polvo volverás".

Qohélet considera esto como algo que Dios quiere que recordemos (v. 18). ¡Los seres humanos sabemos que vamos a morir!, es de suponer que los animales no, aunque no tenemos forma de saberlo. La realidad anticipada de la muerte se convierte entonces en una especie de prueba. Necesitamos ser lo suficientemente humildes para saber que somos criaturas de la tierra, de polvo, mortales. Esto es lo que Dios nos dijo en Génesis 3, y solo los necios arrogantes –o los superhéroes de pacotilla[11]– piensan lo contrario.

El punto de vista de Qohélet no es exactamente el mismo que planteó en el capítulo 2:14-16. En aquel momento su queja era que la muerte al final no hace que el sabio sea mejor que el necio. Pero ahora es aún peor. La muerte no hace a los humanos mejores que los animales. Hombre o bestia, cuando

---

[11] Se dice que el gran boxeador Muhammad Ali, cuando una azafata en un avión le pidió que se abrochara el cinturón de seguridad, se jactó: "Superman no necesita cinturón de seguridad". A lo que la ingeniosa joven respondió: "Superman no necesita ningún avión".

estás muerto, estás muerto. ¿Qué tiene de bueno ser un ser humano muerto en lugar de un animal muerto? ¿Entonces, cuál es la ventaja de ser humano? ¡Solo *hebel*!

Lo que nadie sabe (3:21)

En ese caso puedes objetar que tal cosa puede ser así en cuanto a nuestros cuerpos, pero estamos olvidando que hay una diferencia espiritual. Seguramente cuando los seres humanos mueren su espíritu sube –a Dios o a algún lugar–, mientras que los espíritus de los animales simplemente descienden a la tierra.

Las palabras hebreas *ruah* y *neshamah* tienen un significado muy amplio; pueden significar espíritu, aliento, viento, fuerza vital. Qohélet sabe que Dios da "espíritu" a todas las criaturas vivientes, incluidos los seres humanos. Si no fuera así, todos pereceríamos: humanos o animales. Qohélet estaría de acuerdo con Eliú.

> [14] Si [Dios] pensara en retirarnos su espíritu (*ruah*),
> en quitarnos su aliento de vida (*neshamah*),
> [15] todo el género humano perecería,
> ¡la humanidad entera volvería a ser polvo! (Job 34:14-15).

La Biblia enseña que tanto los seres humanos como los animales tienen "espíritu" en el sentido de aliento físico y fuerza vital animada. Como hemos visto anteriormente, el Génesis así lo declara acerca de todos los seres vivientes. Viven porque Dios les da "el aliento de vida".[12] Por tanto, ni Génesis ni Eclesiastés hablan de un "alma", algo que los humanos tenemos y que los animales no tienen. No, el mismo "espíritu" de Dios que *nos* da vida y aliento se lo da a todas las criaturas que viven

---

[12] Génesis 1:30; 2:7; 6:17; 7:15, 22.

y respiran. Nosotros lo tenemos y ellos también porque Dios se lo da a todos.

Ahora quizás quieras decirle a Qohélet que nuestro espíritu humano es de alguna manera superior al espíritu animal, que nuestro espíritu "sube" a algún lugar mientras que el suyo simplemente "baja" al polvo. De hecho, un poco más adelante Qohélet admitirá que él también lo cree así. Porque en su último poema habla de cómo, al morir, "el espíritu volverá a Dios que es quien lo dio" (12:7). Y había algunos en el Israel del Antiguo Testamento que tenían alguna esperanza en que Dios no permitiría que su relación con los piadosos simplemente pereciera al morir estos, como por ejemplo el autor de Job (19:25-27), o David (Sal 16:9-11), posiblemente Ana (1 S 2:6), o el compositor del Salmo 49, más adelante. De alguna manera Dios redimiría sus vidas. Todo era un misterio, un misterio al que los israelitas no se molestaron en prestar mucha atención. Se concentraron en la bondad –o los problemas– de la vida en este mundo y se contentaron con confiar en Dios como Señor de la vida y la muerte.

El Salmo 49 comparte parte del tono de Eclesiastés, pero al final expresa una esperanza más positiva, incluso si no explica lo que cree que tal cosa pudiera significar.

> [7] Nadie puede salvar a nadie
> ni pagarle a Dios rescate por la vida.
> [8] Tal rescate es muy costoso;
> ningún pago es suficiente
> [9] para vivir por siempre
> sin ver la fosa.
> [10] Nadie puede negar que todos mueren,
> que sabios e insensatos perecen por igual
> y que sus riquezas se dejan a otros.
> [11] Aunque tuvieron tierras a su nombre,
> sus tumbas serán su hogar eterno,
> su morada por todas las generaciones.

¹² La gente rica no perdura;
   al igual que las bestias, perece.

¹³ Tal es el destino de los que confían en sí mismos;
   y el de sus seguidores que aprueban lo que ellos dicen.
¹⁴ Como ovejas guiadas por la muerte,
   están destinados al sepulcro.
Sus cuerpos se consumirán allí,
   lejos de sus mansiones suntuosas.
Por la mañana los justos prevalecerán sobre ellos.
¹⁵ *Pero Dios me rescatará de las garras de la muerte
   y con él me llevará.* (Sal 49:7-15, itálicas mías).

¿Ves? Podríamos decirle a Qohélet: *eso* es lo que tenemos que creer. Es cierto, morimos igual que los animales; todos podemos verlo. Pero *nuestro* espíritu "se elevará" y estará a salvo en las manos de Dios.

Pero –responde Qohélet– ¿cómo sabes eso? ¿Alguna vez has visto que suceda? ¿Dónde está la evidencia empírica de que los seres humanos de algún modo alcanzan un tipo de vida diferente, mejor o "allá arriba", mientras que los animales no lo consiguen?

> ¿Quién sabe si el aliento de vida de los seres humanos se remonta a las alturas y el de los animales desciende a las profundidades de la tierra? (3:21).

No niega la posibilidad. Él simplemente hace la pregunta. Pero es una pregunta demoledora.

"¿Quién sabe?". Yo no, responde Qohélet, y tú tampoco. Y tal vez nunca podamos saberlo. Así que será mejor que pienses detenidamente en los fundamentos en los que basas tus supuestos si crees que lo sabes. Justifica su epistemología si vas a hacer tales afirmaciones. "¿Quién sabe…?".

Eclesiastés 3:21 es, pues, otra de las "brechas" del libro. Su pregunta aguda y desafiante abre la tensión y la aparente contradicción entre las afirmaciones positivas de los versículos 17 y 22 —a las que llegaremos en un momento— y la observación negativa de los versículos 18-20. Nosotros creemos *eso*... pero lo que vemos es *esto*. Y solo con la observación empírica no podemos llegar más lejos. Simplemente no podemos *saber* si lo que creemos y esperamos es verdad o no. Al menos no solo mirando. La observación por sí sola no puede certificar la fe.

Incluso la estructura del texto sugiere esta sensación de abismo enorme. Los versículos 17 y 22 están en los bordes exteriores de su reflexión, sólidamente anclados a ambos lados. Pero entre ambos surge el sombrío vacío de la muerte: la muerte humana y la muerte animal. ¿Y, de todos modos, cuál es la diferencia? ¿Qué puede salvar el abismo?

De hecho, ese tipo de baile entre algunas firmes declaraciones de fe y algunas observaciones deprimentemente pesimistas de la vida tal cual la conocemos es una característica sobresaliente de todo este capítulo. Quizás sea la manera de ampliar Qohélet los "tiempos" cambiantes del poema inicial. Simplemente pasa de un pensamiento a su aparente opuesto y viceversa. Mira el péndulo:

- El trabajo y la carga (vv. 9-10).
    - Dios ha puesto su hermosa creación de eternidad en nuestros corazones (v. 11a).
- Aunque no podemos entender toda la historia (v. 11b).
    - *Carpe diem*: reafirmación de la vida (vv. 12-13).
- Dios es el juez soberano y último (vv. 14-15).
    - Pero la injusticia prospera aquí abajo (v. 16).
- Aun así, Dios lo arreglará al final (v. 17).
    - Mientras tanto, todos simplemente morimos, al igual que los animales (vv. 18-21).
- *Carpe diem*: ¡afirma la vida de todos modos! (v. 22).

Entonces, ¿cómo deberíamos vivir, pues? (3:22)

He visto, pues, que nada hay mejor para el hombre que disfrutar de su trabajo, ya que eso le ha tocado. Pues, ¿quién lo traerá para que vea lo que sucederá después de él? (3:22)

En este último versículo del capítulo, Qohélet vuelve, por tercera vez, a su yo más positivo. Incluso si Génesis 3 es una realidad para todos nosotros, incluso si el polvo de la muerte espera al hombre y a las bestias, Génesis 1 y 2 todavía siguen ahí. Sigue siendo bueno disfrutar de la vida y el trabajo en el presente. Ese es nuestro deber, la función que se nos ha asignado en la vida. Al menos en parte, para eso fuimos creados: para trabajar como criaturas hechas a imagen de Dios con autoridad y responsabilidad en medio de la creación. ¡Sigue adelante y disfruta de ello!

Pero, incluso emitiendo esa nota positiva y reafirmadora de la vida, no puede resistir una valoración negativa al final del versículo. Es cierto, deberíamos aceptar nuestro papel creativo, nuestra responsabilidad y el privilegio de disfrutarlo, pero una de las razones por las que deberíamos seguir adelante ahora mismo es porque no tenemos ni idea de lo que vendrá después. No podemos ver ni conocer el futuro inmediato, y mucho menos lo que nos espera después de la muerte.

Así que una vez más nos quedamos con la pregunta abierta que motiva la investigación de Qohélet. Todavía caminamos a su lado en este viaje de "fe que quiere entender",[13] pero sin mucho éxito, todavía.

Quiere afirmar la verdad de los versículos 12-13 y 22a, y lo hace con fuerza y convicción, repitiéndolo cuatro veces más en el libro. Pero no puede escapar de lo que le dicen sus ojos. Las

---

[13] De la frase latina acuñada por Anselmo de Canterbury (c. 1033-1109), *fides quaerens intellectum*, en referencia al método teológico de Agustín de Hipona (354-430 d. C.).

verdades de su fe parecen estar en contradicción con los hechos de 3:16 y 4:1-3 –la maldad y el sufrimiento humanos– y el misterio de 3:18-20 –la muerte humana.

"Estoy seguro de que es cierto –dice–, que la vida es un buen regalo de Dios y debemos disfrutar con gratitud de todo lo que nos brinda en forma de comida, bebida y trabajo. Sí, lo creo. Pero no veo cómo algo así puede cuadrar con los horribles hechos de la vida y la muerte en este mundo loco. Para mí todo esto es *hebel*, un enigma absolutamente desconcertante. Quizás no sea solo desconcertante, sino que en realidad sea inútil después de todo, completamente carente de sentido. Aún no he encontrado ninguna respuesta satisfactoria. Pero sigamos intentándolo…".

Me pregunto si esto describe algo del viaje de muchos creyentes cristianos. A veces hablamos de intentar lograr un "equilibrio entre la vida personal y la laboral". Pero también luchamos con el equilibrio entre "la fe y la vida". Vivimos con la tensión entre lo que sabemos y creemos fundamentados en la fe en Dios y su revelación en la Biblia, y lo que vemos a nuestro alrededor en las vidas de los demás y la propia nuestra. La fe y la vida a veces parecen ir en direcciones diametralmente opuestas. Y ser la cuerda en ese tira y afloja puede resultar, a veces, incómodamente estresante.

¿Hay alguna manera de responder, al menos por el momento –hoy– antes de seguir caminando con él? Bueno, tal vez podamos hacer dos cosas que nos conduzcan a una tercera.

Primero, podemos estar decididos a conocer lo que él sabe. Podemos afirmar con él, y con mayor certeza a la luz del resto de la Biblia, las cosas que toca en este capítulo, las cuales incluyen que:

- Hay eternidad más allá del tiempo, incluso si no podemos comprender el tiempo mismo y mucho menos la eternidad (p. ej., Sal 90:2).

- Dios es soberano y es el auditor último de todo lo que sucede "bajo el sol" en la historia humana (p.ej., Sal 33:10-15).
- Habrá un juicio final que tendrá en cuenta todas las cosas y será totalmente justo y restaurador. Dios hará lo que es justo y arreglará todas las cosas antes de hacerlas nuevas (p. ej., Gn 18:25; Ap 20-22).
- La vida es un buen regalo de Dios en su buena creación y debe ser defendida y disfrutada (p. ej., 1 Tm 4:4).

Defendamos con Qohélet estas contundentes declaraciones.

En segundo lugar, podemos tomar la decisión de ver lo que él ve y sentir lo que él siente. Digo "tomar la decisión" porque lo más fácil para nosotros es no decidir nada, especialmente aquellos de nosotros que vivimos en circunstancias relativamente seguras y cómodas. Podemos sentir que no solo hay frustración y desconcierto en las observaciones que Qohélet hace acerca de la maldad y el sufrimiento del mundo, sino también un corazón lleno de dolor y de enfado. No es simplemente caos lo que ve; ve que sencillamente todo está mal, insoportablemente mal. Y en la medida en que Qohélet refleje débilmente lo que el corazón de Dios siente sobre estos hechos perversos de la vida humana, podemos y debemos amplificarlo en nuestros propios corazones. No seamos complacientes con los males y el sufrimiento que vemos en el mundo, sino que estemos genuinamente afligidos y enojados por ellos, como lo está Dios.

Pero seguramente, en tercer lugar, podemos ir más lejos. Podemos orar como los salmistas, quienes protestaban y suplicaban en la presencia de Dios que él hiciera algo respecto de la maldad y la injusticia que veían a su alrededor. Gran parte de la oración cristiana parece insulsa e insípida en comparación con el lenguaje de, digamos, el Salmo 10 o el 94 y otros. ¿Cuándo tendremos la valentía de orar así en nuestras iglesias? También podemos escuchar a los profetas y sumar nuestras voces a las suyas para oponernos a la injusticia y la opresión y defender a los pobres y explotados. También podemos escuchar a Jesús y descubrir lo que para nosotros significa en la práctica confiar en nuestro Padre celestial y luego "buscar primero su reino y su justicia" (Mt 6:33; traducción propia). Y, por supuesto, podemos y debemos *actuar* según lo que sabemos, vemos, sentimos y oímos en las Escrituras. Como veremos más adelante, el Nuevo Testamento nos da razones convincentes, más allá de lo que Qohélet pudiera haber conocido, para ser "hacedores del bien" en el mundo de la vida y el trabajo cotidianos.

En otras palabras, aunque acompañamos a Qohélet en su recorrido y debemos caminar junto a él con lealtad, escuchando con total atención sus conflictos, recordamos que también vivimos dentro del resto de la historia de la Biblia. Como veremos, hay más por *conocer* de lo que él pudo observar. Y hay más por *hacer* sobre la base de lo que sabemos, incluso en medio de las desconcertantes contradicciones de la vida.

PREGUNTAS PARA LA REFLEXIÓN Y EL DEBATE

1. ¿Encuentras los ritmos de la vida –tiempos y ocasiones, 3:1-8– tranquilizadores, simplemente aburridos, o alguna otra cosa? ¿Por qué?
2. ¿Cómo puedes ver entre amigos y colegas no cristianos que "Dios ha puesto la eternidad en sus corazones"? ¿Y cómo podemos responder a eso?
3. 3. ¿Por qué la injusticia y la opresión preocupaban tanto a Qohélet (3:16–4:3)? ¿Deberían preocuparnos a nosotros más de lo que normalmente nos preocupan? Frente a la injusticia generalizada, ¿podemos superar la tensión entre la convicción de la fe de 3:17 y la incertidumbre pesimista de 3:19-21?

CAPÍTULO III

AMBIGÜEDADES DEL TRABAJO, LA POLÍTICA, LA ADORACIÓN Y LA RIQUEZA

Eclesiastés 4:4-6:12

Hasta ahora, en su búsqueda de respuestas a sus preguntas sobre el propósito o beneficio de la vida en el desconcertante mundo de Dios, en los capítulos 1 y 2 Qohélet nos ha llevado a través de un recorrido guiado por sus propios experimentos tratando de encontrar el significado y el sentido de la vida. A continuación, en el capítulo 3, hizo una pausa para un momento de mayor reflexión, meditando sobre el péndulo oscilante del tiempo y las contradicciones duales aparentes entre lo que la fe afirma y lo que la observación ve, o no alcanza a ver.

Ahora sigue adelante y nos invita a echar un vistazo a las vidas de otras personas en diferentes áreas de la vida pública: trabajadores, políticos, fieles y ricos empresarios. Sus observaciones son agudas y a menudo incómodas, a veces positivas, a veces demoledoramente honestas. A través de breves versos proverbiales o estampas más largas, expone verdades que no podemos ignorar, nos da buenos consejos y nos confronta con sobrias advertencias.

Y en medio de todo, todavía hace su pregunta temática clave: "¿Qué ganamos con todo este trabajo y actividad?". ¿Qué sentido tiene la vida? Debe haber algo bueno en la vida, pero ¿quién puede decir con seguridad qué? Esa es la conclusión provisional y bastante desalentadora a la que llega al final de esta sección, que realmente es el final de la primera mitad de su libro.

> Porque, ¿quién sabe lo que conviene al hombre en su vida, todos los días de su vano vivir, los cuales él pasa como una sombra? ¿Y quién le enseñará al hombre lo que acontecerá después de él debajo del sol? (6:12; RVR1995).

¿Quién lo sabe? ¿Quién puede decirlo? Todo acaba dando igual. Sigamos viajando para ver cómo llega a esa deprimente conclusión.

EL TRABAJO: PUEDE SER DESTRUCTIVO PARA EL ALMA (4:4-12)

Tres veces Qohélet ha elogiado el trabajo como algo bueno. El trabajo es un don de Dios que debemos disfrutar junto con otros dones de la creación, la comida, la bebida y la felicidad. El trabajo es un bien de la creación.

En Génesis 1 y 2 se habla del trabajo.

Pero la frustración, la complicación, la locura, las imperfecciones y el pecado también han impregnado el mundo del trabajo. En un mundo caído, el trabajo es una pesada carga.

En Génesis 3 se habla del trabajo.

Qohélet subraya en 4:4-12 dos hechos negativos que se ven con mucha frecuencia en el entorno laboral. Nos está contando una vez más lo que "ha visto" en su observación de la vida de su mundo. Suenan tan familiares en nuestro mundo como en el suyo.

Competitividad (4:4-6)

> Vi, además, que tanto el afán como el éxito en la vida despiertan envidias. Y también esto es vanidad; ¡es correr tras el viento! (4:4).

La palabra "envidia" suena muy fuerte. Significa celos y rivalidad, el espíritu de competitividad llevado a extremos patológicos. Y Qohélet observa que la envidia parece ser la fuerza impulsora que hace que la gente trabaje tanto y de manera tan obsesiva, aunque admite que en el proceso se consiguen muchas cosas.

Naturalmente, hay una diferencia entre este tipo de competitividad malsana –cuando la envidia es siempre lo que nos motiva de alguna manera a querer superar a los demás– y un esfuerzo legítimo por hacer las cosas bien, por sobresalir y por tener éxito. No hay nada de malo en querer hacer las cosas lo mejor que uno pueda. Lo peligroso es que ese deseo degenere y se transforme en un deseo de superar al prójimo en el proceso, pisoteándolo si fuera necesario. Y cuando ese espíritu acaba estructurándose en sistemas económicos completos, acabamos en la cruel idolatría del capitalismo salvaje, carente de principios morales bíblicos. "¡La riqueza es para los triunfadores!". Parece ser el lema. Sin embargo, el problema es, como dice Craig Bartholomew, que "una sociedad dominada por triunfadores nunca sabe qué hacer con los perdedores".[14]

Pero la envidia competitiva y desenfrenada no solo produce tantos perdedores como triunfadores, además de la desigualdad

---

[14] Bartolomé, *Eclesiastés*, 196.

social que conlleva, sino que también es mala para la salud. "La envidia carcome los huesos", dice Proverbios 14:30, una aguda observación sobre el daño psicosomático causado por el estrés competitivo. Al final, también se vuelve deshumanizante. El problema de la carrera de ratas, como la llaman, es que incluso si ganas la carrera, sigues siendo una rata. Como dijo Jesús: ¿De qué le sirve a uno ganar el mundo entero si se pierde la vida?" (Mc 8:36), ¿o la salud, o el matrimonio?

Mi yerno, en su primer trabajo en una gran empresa de contabilidad, estaba de momento bastante contento con su puesto, su salario y su empresa y demás relaciones laborales. Pero en un determinado momento, un compañero le llamó un poco la atención y le dijo sin consideración alguna que no tenía la suficiente ambición. "En esta empresa –le advirtió–, o subes o sales". ¿Qué tipo de ambiente de trabajo produce una actitud así? Solo *hebel*, dice Qohélet. También puedes estar corriendo tras el viento.

Por tanto, si el versículo 4 es una observación parcialmente cierta, no es de extrañar que Qohélet se platee esa pregunta clave en 1:3: ¿Qué provecho obtiene el hombre de todo el trabajo con que se afana debajo del sol?". No mucho, ni siquiera con envidia competitiva.

¡Pero entonces Qohélet se repite! Pasa directamente de una cosa a la contraria en el versículo 5.

El necio se cruza de brazos y se devora a sí mismo. (4:5).

Si la envidia conduce al *exceso* de trabajo, el remedio no es ceder a la pereza. Eso solo lo hacen los tontos. ¡La solución al estrés laboral no es simplemente dejar de trabajar y parar! Al final acabarías con muchos problemas. No hay, pues, mucho consuelo de parte de Qohélet, ¿verdad? El trabajo lo genera la envidia. Pero la pereza te llevará a la ruina.

El versículo 6 cambia el tono una vez más.

> Mejor un puñado de tranquilidad
> que dos de fatiga
> y de correr tras el viento. (4:6).

Trabaja duro, pues, pero asegúrate también de descansar. Es mejor tener incluso un pequeño oasis –un puñado– de paz mental y tranquilidad, que tener ambas manos llenas de trabajo. Quizás Qohélet está pensando de nuevo en su teología de la creación. Dios incorporó el descanso a su propia "semana laboral", por así decirlo, y nosotros también deberíamos hacerlo.

Pero incluso entonces, después de descansar, cuando te pongas de nuevo a trabajar (v. 6b), seguirá siendo simplemente: "¡correr tras el viento!". Qohélet sabe cómo echar a perder lo bueno. O mejor dicho, sabe que hemos echado a perder aun las cosas buenas que Dios nos dio, como el trabajo y el descanso. Lo bueno de Génesis 1 y 2 se ha convertido en el descalabro de Génesis 3. Esa es la realidad del mundo del trabajo.

El trabajo, por tanto, es enigmático. Es bueno, pero puede ser frenéticamente competitivo. Tienes que descansar, pero no puedes ser un vago. Y puede ser tan frustrante como tratar de poner orden en una jaula de grillos.

Soledad (4:7-12)

A continuación, Qohélet observa otro tipo de trabajador: los adictos al trabajo que terminan completamente solos porque están tan absortos y obsesionados con su trabajo que ni siquiera se detienen a preguntarse algunas cosas bastante importantes.

> [7] Me fijé entonces en otra vanidad bajo el sol:
> [8] Vi a un hombre solitario,
>   sin hijos ni hermanos.
> Nunca dejaba de afanarse;
>   ¡jamás le parecían demasiadas sus riquezas!

«¿Para quién trabajo tanto», se preguntó,
«y me abstengo de las cosas buenas?».
¡También esto es vanidad
y una penosa tarea! (4:7-8).

En realidad, una vida así no tiene sentido y es miserable. Es cierto, la persona misma puede parecer muy ocupada y exitosa. Es posible que sea admirada por su dedicación y su mucho trabajo, e incluso la consideren un modelo a seguir para los jóvenes. ¡Mira lo rico que puedes llegar a ser cuando le dedicas las horas suficientes!

Pero si uno nunca está satisfecho con toda la riqueza ganada mediante el trabajo implacablemente obsesivo, ¿para qué sirve? Lo único que queda es la obsesión por seguir ganando más dinero. Y el costo puede ser un mayor aislamiento de todas las relaciones que hacen que la vida valga la pena. Puedes terminar siendo un magnate muy rico, muy solitario y muy triste.

Podíamos pensar que llegar a ser rico trabajando duro produciría la satisfacción de encontrar el significado y el propósito de la vida. Pero no es así, no por sí solo. Las preguntas siguen ahí, como el propio Qohélet descubrió en los capítulos 1 y 2.

Es fácil ceder a la tentación de caer en la miseria solitaria del adicto al trabajo, especialmente para aquellos de nosotros que tenemos una sólida ética de trabajo y una conciencia sensible sobre la pereza o la mala costumbre de dejarlo todo para después. Y quizás sobre todo para aquellos que participan en algún tipo de ministerio cristiano pagado por la iglesia. Hablo con alguna experiencia. En mis primeros años como pastor asistente ordenado en una iglesia grande, me dediqué de todo corazón, con alegría y conciencia, a "la obra del Señor". Consumía fácilmente todas las horas del día —y a veces de la noche—, casi todos los días de la semana. No es que me dedicara a ello para ganar dinero, ¡ni mucho menos!, sino para el Señor, claro. Me sentí cada vez más estresado y curiosamente solo y sintiendo pena de mí mismo bajo tanta presión, hasta que mi esposa y otro colega ordenado me dedicaron una buena "conversación", los cuales se las arreglaron para conseguir que los escuchara. Me arrepentí explícitamente del pecado de pensar que mi rendimiento laboral era lo que me definía. Reconocí el peligro de la adicción al trabajo y desde entonces he tratado de resistirme, aunque es una tentación continua.

Así es como sucede. La mayoría de nosotros, si nos preguntaran cuáles son nuestras lealtades y prioridades fundamentales, responderíamos algo así como: Dios primero, luego mi cónyuge y mi familia, otras personas y después mi trabajo. En ese orden. Pero ¿qué ocurre cuando estás en un ministerio cristiano y la iglesia es quien te paga? Ah, entonces piensas en tu trabajo como "la obra de Dios". Y, muy sutilmente, el nivel de prioridad se eleva hasta donde solo debería estar Dios mismo. Si tu trabajo es "para Dios" se supone entonces que debe tener la máxima prioridad porque Dios la tiene, y todo lo demás, incluidos tu cónyuge y tu familia, descienden en la clasificación. Y así uno termina en una especie de santa y espiritualizada adicción al trabajo. Incluso "trabajar para Dios" puede volverse obsesivo, compulsivo e implacable. Y el mismo trabajo que alguna vez amaste puede convertirse en una carga tiránica, solitaria e inquietante. O, como dice Qohélet, "sin sentido, un negocio miserable". Qué irónico y triste que incluso la llamada obra de Dios pueda acabar siendo vista de esa manera.

Por el contrario, en los versículos 9 al 12, Qohélet señala el valor de la cooperación y la comunidad. Se refiere a algunos proverbios probablemente muy conocidos para defender la idea. Y todos estaríamos de acuerdo, al menos mentalmente.

[9] Mejor son dos que uno,
    porque obtienen más fruto de su esfuerzo.
[10] Si caen,
    el uno levanta al otro.

¡Ay del que cae
y no tiene quien lo levante!
¹¹ Si dos se acuestan juntos,
entrarán en calor;
uno solo ¿cómo va a calentarse?
¹² Uno solo puede ser vencido,
pero dos pueden resistir.
¡La cuerda de tres hilos no se rompe fácilmente! (4:9-12).

Algunos de mis amigos africanos podrían añadir uno de sus proverbios propios a su lista: *Si quieres ir rápido, ve solo. Pero si quieres llegar lejos, ve con otros.*

Así, al colocar su observación (v. 8) junto con estos proverbios (vv. 9-12), Qohélet ha creado una vez más esa brecha desconcertante a la que ya nos estamos acostumbrando. Porque si trabajar juntos es tan bueno, y si hay tanta fuerza y beneficio en los proyectos comunitarios y el apoyo mutuo, entonces, ¿por qué tanta gente se siente desesperadamente sola, incluso en un lugar de trabajo donde hay mucha gente?

Aunque el trabajo es algo bueno –Qohélet lo repetirá una y otra vez–, es un bien que no está muy claro en este mundo caído. Por sí solo puede ser destructivo para el alma con comportamientos competitivos y obsesivos, y finalmente no proporciona ni puede proporcionar el significado último para nuestras vidas. De hecho, cuando creemos que sí puede hacerlo, el trabajo se transforma en un ídolo. Una cosa buena se convierte en algo divino, un dios falso. El desastre está servido.

LA POLÍTICA: PUEDE SER TRANSITORIA (4:13-16; 5:8-9)

Qohélet dirige su mirada al mundo público de la política y la administración civil. Y allí también ve todo tipo de contradicciones y complicaciones.

Heroísmo cambiante (4:13-16)

¹³ Mejor es un joven pobre, pero sabio, que un rey viejo, pero necio, que ya no sabe recibir consejos. ¹⁴ Aunque de la cárcel haya ascendido al trono o haya nacido pobre en ese reino, ¹⁵ he visto que la gente que vive bajo el sol apoya al joven que sucede al rey. ¹⁶ Y aunque es incontable la gente que sigue a los reyes, muchos de los que vienen después tampoco quedan contentos con el sucesor. Y también esto es vanidad; ¡es querer alcanzar el viento! (4:13-16).

Esta breve historia bien puede estar basada en algunos hechos reales que pudo haber vivido. O quizás simplemente es una anécdota anónima sin más especificación, dejándonos Qohélet la libertad para pensar en varios ejemplos posibles de alguna situación parecida, como Faraón y José, o Saúl y David. En cualquier caso, en la secuencia que retrata ve alguna relevancia moral más amplia. Un tirano viejo y fracasado, que ha dejado de escuchar a los demás –¿no es acaso común entre los líderes políticos?– y es relevado por un nuevo gobernante joven, enérgico y sabio. Proviene de un entorno poco atractivo, pero llega a la cima y se convierte en el héroe de todos.

¿Pero qué ocurre entonces? Todo sale terriblemente mal y el nuevo gobernante acaba siendo tan impopular como aquel al que sustituyó. Ocurre muchas veces, incluso en los estados democráticos modernos. Algunos presidentes o primeros ministros son elegidos en medio de una adulación ciega y de expectativas mesiánicas. Pero la luna de miel suele durar poco. Los héroes populares públicos al envejecer no suelen seguir siendo héroes. La popularidad política puede ser algo muy cambiante. Podrías estar corriendo tras el viento.

Qohélet comenta, pues, cómo la sabiduría recibida es fácilmente desnaturalizada por los acontecimientos. "Mejor es un joven pobre, pero sabio, que un rey viejo, pero necio". Vale, puede que todos estemos de acuerdo. En teoría tiene sentido. Pero incluso el nuevo gobernante, joven y sabio, puede que acabe siendo tan impopular y quizás tan obstinado como su predecesor.

Niveles administrativos (5:8-9)

Al comienzo del capítulo 4, Qohélet se lamenta por la realidad de la opresión e injusticia social. Podemos sentir su dolor viendo el llanto de los oprimidos (4:1-3). Pero si bien es ciertamente impactante observarlo, dice: "¡No se sorprendan!". Es lo que sucede cuando todos miran por encima del hombro pasándoles a otros la patata caliente o la culpa.

> Si en alguna provincia ves que se oprime al pobre y que a la gente se le niega un juicio justo, no te asombres de tales cosas; porque a un alto oficial lo vigila otro más alto y, por encima de ellos, hay otros altos oficiales. (5:8).

El fenómeno que observa actúa en varios niveles aumentando así la opresión. En primer lugar, cuando hay distintos niveles de personas con responsabilidad de cualquier administración civil, es mucho más difícil para la gente común tener acceso a alguien que pueda resolver su problema o su queja. Muchas veces la gente simplemente se da por vencida debido a la frustración y el agotamiento, que es seguramente lo que los distintos niveles administrativos esperan conseguir.

Y en segundo lugar, cuando algo sale muy mal y hay alguna injusticia o escándalo real, cuantos más niveles de responsabilidad haya, más fácil será desplazar la culpa en círculos y espirales complicados sin llegar nunca a un punto en el que la verdadera responsabilidad y la culpa puedan ser atribuidas a alguien en particular para que rinda cuentas.

El 14 de junio de 2017, se produjo un incendio en un apartamento de un bloque de apartamentos de veinticuatro pisos en el oeste de Londres, en el Reino Unido, un bloque conocido como Grenfell Tower. La naturaleza del revestimiento de plástico colocada en el exterior del edificio hizo que el fuego se propagara hacia arriba y alrededor del edificio, envolviendo en cuestión de minutos toda la torre en un infierno. Setenta y dos personas perdieron la vida. Quedó claro que se sabía que el revestimiento no era seguro, pero era una opción más barata que otros materiales más resistentes al fuego.

¿Quién, pues, tuvo la culpa? En el momento en que escribo, hay una investigación que se lleva a cabo desde hace años tras la tragedia, pero la responsabilidad ha ido pasando de un lado a otro entre la empresa constructora, los fabricantes de revestimientos, el ayuntamiento propietario de este edificio de "viviendas sociales", la empresa gestora y los inspectores de construcción y de seguridad contra incendios, todos apuntando con el dedo acusador a cualquier otro menos a ellos mismos. Mientras tanto, los residentes supervivientes y sus familias esperan alguna clase de compensación, justicia o acción correctiva adecuada, mientras que los residentes de otros bloques de pisos con revestimientos similares viven con el temor de que les suceda lo mismo, teniendo que pagar costos exorbitantes para que retiren el revestimiento y, mientras tanto, ni pueden vender sus casas ni mudarse a otro lugar. La maraña laberíntica de contratos de gestión subcontratados, de funcionarios y ejecutivos, además de la posible corrupción y especulación, no solo obstaculiza la provisión de viviendas decentes y seguras para los pobres. Lo que demuestra que los excesivos niveles burocráticos, como los que Qohélet tan sucintamente observaba en su época, no solo son un gasto innecesario, sino que en realidad son un peligro.

El versículo 9 es muy breve y bastante difícil de traducir (¡incluso el hebreo de Qohélet puede ser complicado!). Veamos algunos intentos diferentes:[15]

---

[15] Para la traducción española, evidentemente referimos las versiones en castellano que más se aproximan a las citadas en inglés. N. T.

Hasta el rey obtiene su parte de ganancia. La riqueza de un país se la dividen entre ellos. (PDT).

Con todo, es de beneficio para el país que el rey mantenga cultivado el campo. (LBLA).

Pero en todo es provechoso para un país que el rey esté al servicio del campo. (RVA-2015).

¡Hasta el rey saca todo lo que puede de la tierra para su propio beneficio! (NTV).

Personalmente, no estoy seguro, pero creo que, según el contexto, la PDT y la NTV captan el sentir deseado. Se supone que la tierra debe proveer para todos, pero el rey saca provecho de ello, quizá se refiera a los impuestos o la confiscación de tierras, como advirtió Samuel a los israelitas en 1 S 8:10-18. Si esto es lo que quiere decir, entonces Qohélet está en contra de esa teoría económica del goteo de la riqueza,[16] es decir, que si a los ricos se les permite hacerse más ricos, los beneficios llegarán a los pobres. ¡Qué estupidez!, dice Qohélet. La riqueza y el poder actúan más como lo que ahora conocemos como ascenso capilar: absorben y succionan de abajo hacia arriba en beneficio de quienes están en la cima.

El autor tiene ideas y conocimientos que todavía sobreviven a nuestro alrededor. Escribió en un contexto agrícola antiguo pero ve procesos que estaban funcionando en la política y la economía que no habían desaparecido con el paso de los tiempos.

LA ADORACIÓN: SUS PELIGROS (5:1-7)

Qohélet no será del todo pesimista en cuanto va a decir. Por un momento, pasa de la observación a la instrucción y el consejo,

---

[16] También conocida como "efecto derrame". N. T.

sonando así un poco más como la sabiduría tradicional de Proverbios. Estos versículos son los más positivos del libro hasta llegar al capítulo final. Es más, estos versículos también dejan claro que él no es ni ateo ni escéptico. Entiende lo importante que es adorar a Dios seriamente y con sinceridad. Y como veremos, conoce las Escrituras.

¡Escucha y habla menos! (5:1-3)

> [1] Cuando vayas a la casa de Dios, cuida tus pasos y acércate a escuchar en vez de ofrecer sacrificio de necios, que ni conciencia tienen de que hacen mal.
> [2] No te apresures,
> ni con la boca ni con el corazón,
> a hacer promesas delante de Dios;
> él está en el cielo
> y tú estás en la tierra.
> Mide, pues, tus palabras.
> [3] De las muchas ocupaciones brotan los sueños
> y de las muchas palabras, las tonterías. (5:1-3).

"¡Mira dónde pisas!". Nuestro modismo es exactamente igual que el hebreo y tiene el mismo significado: ¡Ten cuidado! La literatura sapiencial habla con frecuencia de los pies, los pasos y el caminar por un sendero como metáforas del comportamiento (p. ej., Prov 4:10-19, y cf. Sal 1:1 y Sal 119 con frecuencia). Así como hablamos de "dar un paso" en el sentido de iniciar una acción, en hebreo se hablaba de los pasos de una persona en el sentido de su comportamiento habitual.

La advertencia de Qohélet significa, pues, que ir al lugar de culto y simplemente entrar por la puerta del atrio del templo o por la puerta de una iglesia no es suficiente por sí mismo. No sustituye a vivir de acuerdo con los caminos de Dios. Si vas a plantar literalmente tus pies en el lugar donde se adora a Dios, será mejor que te asegures de que tus pies metafóricos hayan estado caminando en los caminos que Dios ha ordenado.

Jeremías hizo una advertencia muy seria sobre el asunto al pueblo de Jerusalén, justo en la puerta del atrio del templo. Puedes leer la historia en Jeremías 7. Quizás Qohélet esté pensando en esta Escritura en su advertencia.[17] El pueblo pensaba que con venir al templo y repetir las palabras adecuadas una y otra vez, estarían a salvo. Pero Dios dice que no es así. O cambias tus costumbres o te echaré de este lugar.

> [3] Así dice el Señor de los Ejércitos, el Dios de Israel: "Corrijan su conducta y sus acciones y yo los dejaré vivir en este lugar. [4] No confíen en esas palabras engañosas que repiten: '¡Este es el Templo del Señor, el Templo del Señor, el Templo del Señor!'. [5] Si realmente corrigen su conducta y sus acciones, si realmente practican la justicia los unos con los otros, [6] si no oprimen al extranjero ni al huérfano ni a la viuda, si no derraman sangre inocente en este lugar ni siguen a otros dioses para su propio mal, [7] entonces los dejaré vivir en este lugar, en la tierra que di a sus antepasados para siempre. [8] ¡Pero ustedes confían en palabras engañosas, que no tienen validez alguna!
>
> [9] Roban, matan, cometen adulterio, juran con falsedad, queman incienso a Baal, siguen a otros dioses que jamás conocieron. [10] Luego, vienen y se presentan ante mí en esta casa que lleva mi Nombre y dicen: «Estamos a salvo», ¡para después seguir cometiendo todas estas abominaciones! [11] ¿Creen acaso que esta casa que lleva mi Nombre es una cueva de ladrones? ¡Pero si yo mismo lo he visto!", afirma el Señor. (Jr 7:3-11)

Cohélet ciertamente habría llamado al culto de los jerosolimitanos en el templo "el sacrificio de los necios", aunque si la acusación de Jeremías refleja su comportamiento

---

[17] De ser así, significaría que Eclesiastés debe ser fechado después de Jeremías, al menos en el siglo VII, como lo considerarían la mayoría de los eruditos. Pero como se explica en la introducción, no hay ningún consenso sobre la fecha del libro.

durante toda la semana, es difícil imaginar que no se dieran cuenta de que estaban haciendo algo malo (v. 1). Samuel se enfrentó al pecado y la locura de Saúl con una acusación similar. Saúl había ofrecido un sacrificio, es cierto, pero estaba en un estado de desobediencia impaciente. Entonces Samuel respondió:

> ¿Qué agrada más al Señor:
> que se le ofrezcan holocaustos y sacrificios
> o que se obedezca lo que él dice?
> El obedecer vale más que el sacrificio,
> y prestar atención, más que la grasa de carneros. (1 S 15:22).

Qohélet tiene, pues, buenos consejos para cuando vamos al culto de adoración, especialmente para nuestro culto cristiano, tan prolijo y locuaz. ¡No hables todo el tiempo! No llenes cada momento con tus propias palabras. Tómate el tiempo para escuchar. Lo que Dios te dice es seguramente mucho más importante que lo que tú tienes que decirle, aunque, por supuesto, Dios es en realidad "todo oídos" para las alabanzas, oraciones y protestas de su pueblo, como nos muestra claramente el libro de los Salmos.

John Stott dijo que su gran amor por el mundo natural se lo debía, incluido de manera especial su afecto de siempre por las aves, a los paseos que de niño daba por el campo con su padre, quien muchas veces le regañaba: "¡Cierra la boca y abre los ojos!". Podemos estar de acuerdo en que es un buen consejo, aunque "abre tus oídos" sería más bíblico como instrucción para nuestros tiempos de adoración.

"Él [Dios] está en el cielo y tú estás en la tierra". Incluso una verdad tan simple como esa nos muestra que Qohélet es un creyente ortodoxo. Comparte el concepto del Antiguo Testamento sobre Dios y la humanidad que tenían los israelitas, y que lo desafía a él –y a nosotros– a ser humildes.

¡Cuidado con lo que prometes! (5:4-7)

⁴ Cuando hagas una promesa a Dios, no tardes en cumplirla, porque a Dios no le agradan los necios. Cumple tus promesas: ⁵ Es mejor no hacer promesas que hacerlas y no cumplirlas. ⁶ No permitas que tu boca te haga pecar, ni digas luego ante el mensajero del Templo que lo hiciste sin querer. ¿Por qué ha de enojarse Dios por lo que dices y destruir el fruto de tu trabajo? ⁷ En medio de tantos sueños de vanidad y palabrerías, muestra temor a Dios. (5:4-7).

Aquí es donde podemos ver que Qohélet conocía sus Escrituras. Es como si acabara de leer estos versículos de Deuteronomio.

²¹ Si haces una promesa al Señor tu Dios, no tardes en cumplirla, porque sin duda él demandará que se la cumplas; si no se la cumples, habrás cometido pecado. ²² No serás culpable si evitas hacer una promesa. ²³ Pero si por tu propia voluntad haces una promesa al Señor tu Dios, cumple fielmente lo que le prometiste. (Dt 23:21-23).

Y Qohélet dice: "¡Sí! Presta atención a esa Escritura y piensa detenidamente antes de hacer un voto. No caigas en la trampa de prometer más de lo que puedes cumplir. ¡A Dios no le gustan los imprudentes!".

Es evidente que conoce las palabras sabias que están por todas partes en el libro de Proverbios: "El temor del Señor es el principio de la sabiduría". Así que termina su consejo para los adoradores con esta pequeña joya de verdadera sabiduría bíblica. Es breve, pero sensato. "No sueñes tanto cuando adoras", dice, "recuerda a quién estás adorando. Teme a Dios" (v. 7).

Considerando, pues, la seriedad de la visión de Qohélet sobre la adoración en estos versículos, parece que en medio del zarandeo de su barco en el mar tormentoso del sinsentido y de todas las complicaciones de la vida, él está bien anclado en la fe. *Sabe* que Dios está ahí y que debe ser adorado con toda la debida sinceridad y verdad. Dios debe ser amado y temido, no tratado con ligereza. Es una perspectiva muy importante a la que cualquier creyente debe aferrarse incluso cuando nuestra experiencia de la vida en este mundo parezca desconcertante e injusta.

Quizás en este punto de su investigación, Qohélet esté pasando por algo similar a la experiencia del escritor del Salmo 73, donde vemos a un creyente que lucha y se pregunta acerca de tanta maldad e injusticia de la vida que hay en el mundo y la aparente inutilidad absoluta de ser un sincero adorador de Dios. El salmista lucha con las mismas preguntas y sinsentidos que Qohélet. Pero luego pasa de estar profundamente preocupado y sentir que simplemente no lo puede entender (v. 16) al lugar de culto en el santuario de Dios (v. 17). Y es allí donde las cosas empiezan a verse muy diferentes para él como creyente adorador. Las verdades últimas y los destinos últimos cambian su perspectiva sobre el presente. La fe y la confianza en la providencia soberana y la bondad de Dios quedan restablecidas.

Bueno, Qohélet aún no llega a un enfoque tan claro como el autor del Salmo 73. Y podríamos preguntarnos si en algún momento consigue ver con la claridad de la fe del salmista. Pero al menos afirma algo positivo aquí, en la mitad del libro, y lo ampliará un poco más constructivamente al final. La adoración es un antídoto vital para los peores pensamientos y experiencias deprimentes de la vida. Y Qohélet claramente tiene una visión elevada y seria de los desafíos que implica adorar verdaderamente al Dios viviente.

La riqueza: puede ser incierta (5:10-6:12)

Qohélet ahora cambia de la corrupción *social* de la economía (5:8-9) al tipo de desastres *personales* que las fuerzas económicas y la imprevisibilidad financiera pueden ocasionar.

Una vez más podemos notar cuán hábilmente desarrolla su pensamiento. La forma de simplemente juntar los opuestos es bastante típica, pero en esta ocasión coloca dos cosas contradictorias sobre un punto de apoyo central. En el centro hay algo que él ha "comprobado" que es bueno (5:18), pero a ambos lados algo que él considera que no tiene sentido y es "una terrible desgracia" (5:13, 16; 6:2).

Consideremos el punto de apoyo central. Se trata de 5:18-20, la cuarta vez que afirma sin ambages que la vida es buena. Y esta vez incluye la riqueza como un buen regalo de Dios en sí mismo.

Pero entonces, a cada lado, como un mareante vaivén, menciona dos cosas que parecen contradecir la verdad central. ¿Riquezas? Podrías perderlo todo (5:10-17) y puede que ni siquiera vivas para disfrutarlo (6:1-12). Veámoslos según el orden del texto.

Puedes perderlo todo (5:10-17)

Comienza con tres breves proverbios sobre la riqueza en los versículos 10 al 12. Estos son proverbios con los que seguramente todos estaríamos de acuerdo. Se trata de sabiduría popular.

> Quien ama el dinero, de dinero no se sacia.
> Quien ama las riquezas nunca tiene suficiente.
> ¡También esto es vanidad! (5:10).

De algún modo, el dinero es intrínsecamente insatisfactorio. O mejor dicho, por naturaleza el dinero parece generar una insatisfacción cada vez mayor. ¿Alguien dice alguna vez: "ya soy lo suficientemente rico" y deja de ambicionar más dinero? Cuando Qohélet dice "quien ama el dinero..." está de acuerdo con lo que dirá más tarde el apóstol Pablo. El dinero en sí mismo no es el verdadero problema. Es el amor al dinero es lo que es la "raíz de todos los males" (1 Tm 6:10), porque tal amor nunca se contenta con "lo suficiente" (5:10).

> Donde abundan los bienes,
> sobra quien se los gaste;
> ¿y qué saca de esto su dueño,
> aparte de contemplarlos? (5:11).

A medida que aumentan tus bienes, también se incrementan los costes y el consumo. Empiezas a tener más exigencias, más gastos. Así que, en vez de sentirte mejor te sientes más acosado por las responsabilidades y los obstáculos. De lo único de lo que puedes disfrutar es de mirar tu saldo bancario o de todas las cosas que has adquirido. ¿Y de qué te sirve en realidad?

> El trabajador duerme tranquilo,
> coma mucho o coma poco.
> Al rico sus muchas riquezas
> no lo dejan dormir. (5:12).

Claro que la riqueza puede proporcionar cierta seguridad, pero para muchos solo aumentan la ansiedad y las preocupaciones en comparación con una vida de trabajo sencilla y sin complicaciones. Cuanto más tienes, más preocupado estás. ¡Y eso lleva a noches sin dormir, quizás –si atendemos al segundo verso del proverbio– causadas por una indigestión por haber comido demasiado! Ezequiel nos da una visión bastante más cáustica de la insensible avaricia y la glotonería: "Tu hermana Sodoma y sus aldeas pecaron de soberbia, gula, apatía e indiferencia hacia el pobre y el indigente" (Ez 16:49, texto que puede estar detrás de la parábola de Jesús en Lc 16:19-31).

A continuación, después de sus tres proverbios, Qohélet pinta un cuadro trágico de pérdida para llegar a una conclusión sombría. La imagen me resulta familiar. Todos conocemos este tipo de situaciones, quizás por una experiencia personal dolorosa o simplemente al ver las noticias.

[13] He visto un mal terrible bajo el sol:

riquezas acumuladas que redundan en perjuicio de su dueño
[14] y riquezas que se pierden en un mal negocio.
Y si llega su dueño a tener un hijo,
 ya no tendrá nada que dejarle.
[15] Tal como salió del vientre de su madre,
 así se irá: desnudo como vino al mundo
y sin llevarse el fruto de tanto trabajo. (5:13-15).

He aquí alguien que ha trabajado mucho y ha hecho una fortuna. Ha acumulado una inversión realmente sustanciosa y se dispone a transmitirla en herencia a sus hijos. ¡Pero atención! Lo pierde todo. Qohélet no da ninguna explicación. No tuvo necesariamente que ser debido a ningún delito o fraude. Tal vez hizo un negocio desastroso que acabó en ruina. Quizás contrajo deudas que no pudo pagar o se hundió el mercado y se agotaron sus ahorros. Quizás hubo una guerra o una invasión y perdieron sus tierras. ¿Quién sabe? En realidad no importa; la conclusión es esa… la cuenta de resultados se hundió. Todo se fue al garete. Solo quedó el desolado final: muere tan desnudo como nació. Como cualquiera.

A John Stott, cuando hablaba de los peligros de estar demasiado apegado a los bienes de este mundo, le gustaba contar la historia de una señora que asistía al funeral de un hombre conocido por ser muy rico. Curiosa por el tamaño de su patrimonio, se acercó al oficiante y le susurró: "¿Cuánto dejó?". La respuesta fue: "Todo". John Stott luego concluiría, haciéndose eco de Qohélet: "Puesto que nuestras vidas transcurren entre dos momentos de desnudez, es mejor viajar ligero de equipaje".

Eso lleva a Qohélet de vuelta a su pregunta clave: aquella que se hizo al principio en 1:3. ¿Qué provecho saca la gente de tanto afanarse bajo el sol?

> [16] Esto es una terrible desgracia:
> tal como viene el hombre, así se va.
> ¿Y de qué le sirve afanarse tanto en busca del viento?
> [17] Toda su vida come en tinieblas,
> en medio de muchas molestias, enfermedades y enojos.
> (5:16-17).

Si alguien acumula bienes durante toda su vida pero los pierde y no puede transmitirlos, ¿qué ganó? Nada más que viento, vapor, al fin y al cabo. "Todo se desvaneció en humo", podríamos decir. Muy cierto. Todo termina en una oscuridad solitaria y miserable.

¡Pero sigue siendo el regalo de Dios! (5:18-20)

Quizás estemos ya acostumbrados a esta táctica, pero sigue siendo chocante. Qohélet simplemente pasa de un "mal doloroso" sombrío y negativo a un "bien" glorioso y positivo. Este es el fiel de la balanza.

> [18] Esto es lo que he comprobado: que en la vida bajo el sol lo mejor es comer, beber y disfrutar del fruto de nuestros afanes. Es lo que Dios nos ha concedido; es lo que nos ha tocado. [19] Además, a quien Dios concede abundancia y riquezas, también concede comer de ellas, así como tomar su parte y disfrutar de sus afanes, pues esto es don de Dios. [20] Y como Dios le llena de alegría el corazón, muy poco reflexiona el hombre en cuanto a su vida. (5:18-20).

A primera vista, el versículo 18 puede parecer la respuesta a la pregunta del versículo 16. ¿Qué se obtiene del trabajo de toda una vida? Bueno, pues esto es lo que se gana: una vida disfrutando de los dones de Dios, aunque parezcan "pocos los días de la vida". Pero, a la luz de lo que acaba de presentar, esta es solo una respuesta parcial y poco satisfactoria en el contexto. ¿Y qué pasa si no puedes disfrutar de esos buenos regalos de ninguna manera?

¿Te has dado cuenta además de otro claro contraste? En el versículo 17 vemos al pobre y sufriente ricachón, comiendo su comida en soledad, oscuridad, frustración, aflicción y enojo. Pero en el versículo 18 se nos anima a comer y beber con satisfacción, gozo y agradecimiento a Dios. ¿De verdad? ¿Cómo podemos hacerlo cuando sabemos que hay tantas personas en nuestro mundo que viven sin tener garantizado el alimento, permanentemente hambrientos? ¿Y cómo podemos disfrutar alegremente de los otros dones de Dios que Qohélet menciona en el versículo 19 cuando sabemos de los millones que viven desempleados y en la pobreza o cuyas vidas laborales están malogradas por la opresión y la injusticia, como el mismo Qohélet observa en 4:1 o en 5:8-9?

Pero, aun así, incluso siendo consciente del desconcertante mundo real, Qohélet no puede deshacerse de esta profunda convicción. La creación es buena, por lo que los regalos de Dios de vida, salud, alimento, trabajo, riqueza y felicidad debemos recibirlos y disfrutarlos por lo que son: regalos de Dios –lo dice dos veces, ¡así que yo también puedo decirlo!–, creo que el apóstol Pablo estaría de acuerdo (1 Tm 4:2-5). Es cosa de Dios. Es notable que, mientras que Dios no aparece en los proverbios y observaciones en 5:8-17, sí lo hace cuatro veces en estos tres versículos (vv. 18-20).

Y, sin embargo, por mucho que se aferre a la verdad y las implicaciones de Génesis 1 y 2, de alguna manera Génesis 3 sigue estando presente. Porque los caminos de Dios son inescrutables. Es posible que Dios te conceda todo el versículo 19. Pero ¿y si no lo hace en este mundo caído?

El versículo 20 parece responder encogiéndose de hombros. Es mejor no pensar demasiado en eso. La vida es demasiado corta. Solo mantente ocupado. Sé feliz.
¿Pero es esa una respuesta?
No precisamente.
De momento aterrizamos al otro lado de la balanza.

Puede que no vivas para disfrutarlo (6:1-12)

Qohélet ha hablado de la persona que llega a hacerse muy rica y que, por alguna razón desconocida, luego se arruina (5:10-17). Ese era el otro lado de la balanza. Ahora de este lado, habla de alguien que obtiene absolutamente todo lo que Dios podría darle –parece que está pensando en Salomón de nuevo– pero que después no puede disfrutarlo. Tiene todo lo que cualquiera podría desear, excepto el placer de disfrutarlo.

> [1] Hay un mal que he visto bajo el sol y que afecta a todos: [2] a algunos Dios da abundancia, riquezas, honores y no les falta nada que pudieran desear. Sin embargo, es a otros a quienes concede disfrutar de todo ello. ¡Esto es vanidad, una penosa aflicción! (6:1-2).

Una vez más, Qohélet no explica nada. Quizás se trataba de mala salud, de un derrame cerebral, demencia, enfermedad depresiva, dolor crónico y paralizante, alguna situación por la que tienes que mirar con impotencia cómo *otras* personas disfrutan de todo por lo que *tú* has trabajado pero que tú no puedes disfrutar por ti mismo. Y si *tú* no puedes disfrutarlo, ¿qué sentido tiene haber ganado todo lo anterior?

Incluso si un hombre tiene cien herederos y vive dos mil años, si la vida no le proporciona alegría, su destino es peor que el de una criatura que nace muerta. Esa es la maldición más cruel y horrible que Qohélet puede imaginar.

> [3] Si un hombre tiene cien hijos y vive muchos años, no importa cuánto viva, si no se ha saciado de las cosas buenas ni llega a

recibir sepultura, yo digo que un abortivo es mejor que él. ⁴ Porque el abortivo vino de la nada, a las tinieblas va y en las tinieblas permanecerá oculto. ⁵ Nunca llegará a ver el sol, ni sabrá nada; sin embargo, habrá tenido más reposo que aquel ⁶ que pudo haber vivido dos mil años sin disfrutar jamás de lo bueno. ¿Y acaso no van todos a un mismo lugar? (6:3-6).

Puede que Qohélet conociera el libro de Job y que estuviera recordando aquel primer llanto agonizante del corazón de Job cuando deseaba no haber nacido nunca o, en su defecto, haber nacido muerto. Lee todo el capítulo 3 de Job para sentir la fuerza de esa emoción, que Qohélet refleja aquí.

¹¹ ¿Por qué no perecí al momento de nacer?
¿Por qué no morí cuando salí del vientre?
¹² ¿Por qué hubo rodillas que me recibieran
y pechos que me amamantaran?
¹³ Ahora estaría yo descansando en paz;
estaría durmiendo tranquilo

¹⁶ ¿Por qué no me desecharon como a un abortivo,
como a esos niños que jamás vieron la luz? (Job 3:11-13, 16).

De hecho, Qohélet concluye que la persona que no puede disfrutar de la vida después de acumular tanta riqueza está en peor situación que un abortivo. Porque el que nace muerto no sabe nada de la vida ni de sus maravillosos dones y placeres y, por tanto, nunca echará de menos lo que nunca conoció.

Y de todos modos –en el último verso del v. 6, Qohélet vuelve a su obsesión por la muerte–, todos vamos a terminar en el mismo lugar que una criatura que nace muerta, vivamos solo por un momento fugaz o el doble que Matusalén. Qohélet realmente tiene el don del desánimo con esa honestidad despiadada e implacable. *¡Memento mori!* Recuerda que has de morir. Todos moriremos.

Solo pensar en esa sombría perspectiva parece lanzar a Qohélet a un tobogán, mientras el resto del capítulo 6 simplemente aboca a un final triste.

> ⁷ Mucho trabaja el hombre para comer,
> pero nunca se sacia.
> ⁸ ¿Qué ventaja tiene el sabio sobre el necio?
> ¿Y qué gana el pobre
> con saber enfrentarse a la vida? (6:7-8).

Incluso si consigues llegar a la cima trabajando mucho, la sabiduría y las convenciones sociales, ¿de qué te servirá si acabas en el grupo rico y sofisticado de los totalmente insatisfechos como una de esas dos personas situadas a cada lado de esa horrible balanza?

> Vale más lo visible
> que lo imaginario.
> Y también esto es vanidad;
> ¡es correr tras el viento! (6:9).

La traducción NVI del versículo 9a se parece mucho al refrán popular: "Más vale pájaro en mano que ciento volando". Es decir, que lo que realmente tienes ahora es mejor que lo que sueñas tener. Y seguramente eso es lo que quiere decir.

Aunque, el hebreo del versículo 9a puede traducirse:

> Lo que ven tus ojos [es decir, estar vivo en el mundo]
> es mejor que pasar la vida [es decir, estar muerto].[18]

Qohélet vuelve a hacerlo, si eso es lo que implican sus palabras. Es un ejemplo típico de sus irónicas contradicciones.

---

[18] Ver Bartolomé, *Eclesiastés*, 237–38.

- Lo que *piensa*: más vale nacer muerto que tener bienes de los que no disfrutas (v. 3).
- Lo que *sabe*: que en realidad es mejor estar vivo que estar muerto, sea como sea (v. 9a).

Todo es tan insoportablemente desconcertante, "es vanidad, ¡es correr tras el viento!" (v. 9b).

La vida es un misterio.

Naturalmente, como seres humanos hemos descubierto muchas cosas sobre la vida en este mundo.

> Lo que ahora existe ya ha recibido nombre
> y se sabe lo que es: humanidad.
> Nadie puede luchar
> contra alguien más fuerte. (6:10).

Sabemos lo que significa ser humano. Y sabemos nombrar, clasificar y comprender muchas cosas de la creación; Qohélet ha leído Génesis 2. Todo en la creación está bajo la soberanía de Dios, nuestro creador, y él nos ha dado responsabilidad y autoridad sobre la creación. Pero, a fin de cuentas, no podemos entender completamente a Dios mismo, y mucho menos contender con él; seguramente, a quien se refiere ese "alguien más fuerte" sea a Dios.

Y hablar de todo esto no solo resulta tedioso. En realidad, parece que cuanto más hablamos de ello, ¡mayor es nuestra confusión!

> Donde abundan las palabras,
> abunda la vanidad.
> ¿Y qué se gana con eso? (6:11).

Ahí lo tenemos de nuevo. ¿Te has dado cuenta? Ese último verso del versículo 11 es la *pregunta clave* de Qohélet, a la que vuelve una y otra vez desde 1:3.

¿Qué provecho hay en ello? ¿Cuál es la idea? ¿A dónde nos lleva todo esto en definitiva? "¿Beneficia a alguien?".
Y esta vez responde con otra pregunta *pesimista*: ¡¿Y qué se gana con eso?!

En realidad, ¿quién sabe qué le conviene a una persona en esta breve y vana vida suya por donde pasa como una sombra? ¿Y quién puede decirle lo que sucederá bajo el sol después de su muerte? (6:12).

La vida debería ser "buena" para todo el mundo. Así es como Dios la creó y es lo que creemos. ¿Pero quién sabe *lo que es en realidad bueno para cada cual*? ¿Quién sabe qué es lo mejor? ¿Quién puede mostrarnos el verdadero significado de la vida? Una sola vida parece demasiado corta para saberlo. Y además, no sabemos qué nos deparará el futuro, ni qué nos espera después de la muerte, ni qué pasará aquí en la tierra después de que hayamos abandonado la fiesta.

Simplemente, hay demasiadas incógnitas insondables, demasiadas preguntas sin respuesta, demasiados secretos inescrutables que desentrañar, demasiadas cosas en este mundo que no entendemos.

Por tanto, ¿quién sabe qué es lo bueno?

Vale, Qohélet seguirá intentando responder a esa pregunta con algunas otras reflexiones en los capítulos que siguen. Por el momento, no obstante, hemos llegado hasta una situación bastante pesimista. Pero recuerda: *hemos estado viajando hasta aquí*. Y el viaje está lejos de terminar. La investigación tiene aún un largo camino por recorrer. ¡Estamos tan solo a la mitad del libro!

A la vez que hacemos una pausa con él al final de este capítulo, surge la pregunta: ¿cómo afrontamos las tensiones a las que nos ha sometido?, ¿esas tensiones entre lo que dice acerca de Dios y la bondad de la vida en su creación, por un lado, y las realidades deprimentes, frustrantes y dolorosas que observamos a nuestro alrededor?

¿No son correctas sus observaciones? ¿No vemos y pensamos las mismas cosas?

Qohélet nos ha invitado a observar algunas áreas importantes de la vida: el mundo del trabajo, de la política y la economía, la práctica de la adoración y la creación de riqueza. Y en cada caso podemos ver la perspectiva positiva de Génesis 1 y 2 y el impacto desastroso de Génesis 3. El trabajo, la sociedad, la adoración y la riqueza son todos parte del buen orden creado por Dios. Sin embargo, al mismo tiempo, cada uno de ellos está corrompido, quebrado y potencialmente "sin sentido" o desconcertante, debido al pecado y el mal, lo totalmente absurdo de los hechos y el misterio último de la muerte.

Vivimos en un mundo que *podemos* comprender en gran medida, puesto que podemos descubrir y explicar muchas de las cosas buenas que Dios nos ha dado en la creación. Y, sin embargo, siguen existiendo oscuros misterios y preguntas importantes que no podemos resolver satisfactoriamente. Es un mundo que entendemos y no entendemos. Y no podemos escapar al desafío de vivir en la tensión de esa doble realidad.

PREGUNTAS PARA LA REFLEXIÓN Y EL DEBATE

1. ¿Qué evidencia o ejemplos has visto en el mundo del trabajo como los males que Qohélet observa en 4:4-8? ¿Cómo podemos actuar contra esos peligros en nuestra propia vida laboral, ya sea en el mundo "ahí afuera" o en nuestro llamado trabajo cristiano?

2. ¿Cómo las advertencias de 5:1-7 desafían las prácticas de adoración de nuestra propia iglesia y nuestra forma de participar en ellas? ¿Qué puede significar "el sacrificio de los necios"?
3. ¿Estarías de acuerdo con 5:10? ¿Cómo podemos estar en guardia contra las incertidumbres y los peligros de la riqueza que Qohélet expone incómodamente a la vez que aun así apoya en 5:19?

CAPÍTULO IV

LA HORA MÁS OSCURA

Eclesiastés 7:1-9:16

Dicen que la hora más oscura es la de justo antes del amanecer. Personalmente, nunca lo he comprobado empíricamente, pero parece plausible. Ciertamente, en esta larga investigación en la que nos hemos embarcado con Qohélet, esta parte del libro –especialmente el capítulo 9– alcanza profundidades de oscura desesperanza que hacen que la aparición de algo positivo y lleno de esperanza en los capítulos finales sea un alivio muy bienvenido.

No obstante, hay algunos momentos profundos que nos harán reflexionar seriamente. En estos tres capítulos encontraremos:

- una visión teológica real que se conecta con la enseñanza de las Escrituras (al final del capítulo 7);
- un momento de gran humildad en un mundo de arrogancia intelectual (al final del capítulo 8); y

- una lucha con lo terrible de la muerte que está muy cerca de destruir la fe en Dios de Cohélet y que ciertamente destruye su fe en su propia capacidad para encontrar lo que busca solo por medio de la sabiduría (en el capítulo 9).

Así que, aunque esta pueda resultar la parte más deprimente del viaje, tendrá sus momentos alegres. Seamos, pues, pacientes hasta llegar a un paisaje un poco más soleado en los capítulos 11 y 12, después de una especie de pausa para respirar en el interludio de los proverbios del capítulo 10.

LA SABIDURÍA ES INSCRUTABLE (7:1-29)

El capítulo 6 concluyó con una pregunta: ¿quién sabe qué le conviene a una persona en esta breve y vana vida suya...?". Qohélet parece reflexionar sobre esa pregunta en la primera mitad del capítulo 7. Vamos a encontrar la palabra "mejor" en muchos de estos versículos. Pero en realidad el hebreo no tenía una palabra para "mejor". Simplemente decía: "esto es bueno… *en comparación con* eso o aquello". Entonces, todos esos versículos donde aparece "mejor" en realidad tienen la simple palabra hebrea "bueno", como si respondieran la pregunta de 6:12.

¿Qué es bueno para una persona? ¡Dios lo sabe! *(7:1-14)*

"¿Qué es lo bueno?". "Está bien, quizás lo bueno sea esto, o tal vez aquello, pero creo que descubrirás que esto sería lo mejor", y así sucesivamente. Así es como funcionan estos versos, pero con algunas sorpresas, ¡¿y por qué no habrían de sorprendernos?!

Qohélet echa mano de una serie de proverbios populares, aunque bastante paradójicos (versículos 1-6, 8-10), pero luego mezcla y añade algunos propios que parecen contrarrestar y alterar la sabiduría proverbial recibida (versículos 7, 11-12).

Así que comienza en 7:1 con una bonita variación de Proverbios 22:1:

> Vale más la buena fama que las muchas riquezas,
> y la buena reputación más que la plata y el oro.

O, como dice Qohélet:

> Es mejor el buen nombre que el buen perfume. (7:1a).

Su reputación importa más que su loción para después del afeitado, muchachos. ¡Obviamente! Pero luego reflexiona que lo mejor no siempre es lo *obvio*. Y eso es así especialmente si lo que buscas seriamente son algunas pistas sobre el sentido de la vida.

Si, como el propio Qohélet, tratas de hacer una reflexión profunda y valiosa sobre lo que realmente cuenta en la vida –especialmente cuando nos enfrentamos al misterio de la muerte–, entonces en esa búsqueda del significado último encontrarás que:

- Un funeral es mejor que una fiesta de cumpleaños.

> [1b] Es mejor el día en que se muere que el día en que se nace.
> [2] Es mejor ir a un funeral
>   que a una casa de fiestas.
> Pues la muerte es el fin de todo ser humano,
>   y los que viven debieran tenerlo presente. (7:1b-2).

- El lamento puede enseñarnos más que la risa.

> Es mejor llorar que reír;
>   porque un rostro triste le hace bien al corazón. (7:3).
> No permitas que el enojo domine tu espíritu,
>   porque el enojo se aloja en lo íntimo de los necios. (7:9).

- Es mejor estar con los que lloran que con la risa "estridente" de los necios, el vacío de tantas cosas que se tienen por diversión.

> [4] El sabio tiene presente la muerte;
> el necio solo piensa en la diversión.
> [5] Es mejor la reprensión de sabios
> que el canto de necios.
> [6] Pues las carcajadas de los necios
> son como el crepitar de las espinas bajo la olla.
> ¡Y también esto es vanidad! (7:4-6).

- Terminar algo con paciencia es mejor que comenzar con arrogancia y no lograr nada.

> Vale más el fin de algo que su principio.
> Vale más la paciencia que la arrogancia. (7:8).

- La nostalgia no lleva a nada, ¡muy buen consejo, este!

> Nunca preguntes por qué todo tiempo pasado fue mejor.
> No es de sabios hacer tales preguntas. (7:10).

Si idolatramos o miramos con romanticismo al pasado, olvidamos sus horrores y las lecciones que Qohélet ya ha aprendido sobre cómo la historia parece repetirse una y otra vez.

Todo esto es sabiduría tradicional, similar a las exhortaciones de Proverbios. Son las cosas que diría un sabio. Y tal es el mundo de Qohélet; ¡él mismo está entre los reconocidos como sabios! Entonces repite lo que dice Proverbios: tú ya sabes dónde está el sabio; ve, pues, allí y escucha (v. 4). Y ciertamente necesitas escuchar a los sabios, incluso si te reprenden (v. 5). Qohélet elogia su propia condición de sabio y a quienes también lo son como él. *"¡Ve y escucha a los sabios!"*.

Pero luego, con sorprendente atrevimiento, altera el consejo advirtiéndonos que no se puede confiar en que un sabio haga siempre lo correcto. Al menos, no si hay dinero por medio.

> La extorsión entorpece al sabio
> y el soborno corrompe su corazón. (7:7).

Incluso el juicio del juez o consejero más sabio puede verse corrompido por la extorsión o el soborno. Si se ejerce suficiente presión sobre alguien –por ejemplo, amenazando a sus hijos–, su sabiduría se convierte en estupidez. Ofrezcamos suficiente dinero a alguien y podremos destruir su "corazón", es decir, su capacidad para tomar con integridad buenas decisiones. Incluso la sabiduría es venal y corruptible, dice el sabio Qohélet. Incluso la sabiduría se puede "comprar". Es una grave acusación, pero sabemos que en muchos casos puede ser cierta. Como se jacta el mundo criminal, con cierta justificación, "todo el mundo tiene su precio". Y la llamada ciencia objetiva y neutral puede verse pervertida por intereses creados.

Y aunque está bien ser prudente, mejor aún es si también tienes una buena reserva de dinero heredado, por si acaso...

> Buena es la sabiduría sumada a la heredad
> y provechosa para los que ven la luz del sol. (7:11).

El versículo 12 suena bastante cínico, al menos en su primera mitad. Ser sabio es una buena protección –un "refugio"– en la vida, todos estamos de acuerdo. Pero claro, ¡también lo es tener dinero!

> La sabiduría protege, y el dinero también. (7:12ª, TLA).

Poner la sabiduría prácticamente a la altura del dinero no concuerda con todos aquellos dichos de Proverbios que valoran la sabiduría más que los rubíes, el oro, la plata, etc., y especialmente el que prefiere la pobreza vivida en el temor del Señor –"el principio de la sabiduría"– a las "muchas riquezas con grandes angustias" (Prov 15:16). Pero aquí Qohélet prácticamente equipara la sabiduría y el dinero por su capacidad protectora: una sorprendente alteración de los principios fundamentales de Proverbios. E incluso la segunda mitad del versículo 12 no parece ayudar mucho. "La sabiduría preserva la vida de sus poseedores" (NBLA). Claro que sí; pero también lo hace el dinero, según 12a.

Pero así son las cosas en este mundo caído y patas arriba. La sabiduría es tremenda, pero el dinero tiene la palabra. Los proverbios brillan en teoría. Pero en la vida real suceden cosas que parecen estar del revés.

Y lo más difícil: puesto que *Dios* está a cargo de la vida, del universo y de todo lo demás, así debe ser como *Dios* lo hizo. Piénsalo:

> Contempla las obras de Dios:
> ¿quién puede enderezar
>   lo que él ha torcido? (7:13).

Si el mundo está torcido, ¡la culpa es de Dios! Dios lo hizo torcido. Así que, nunca podrás enderezarlo ni tampoco arreglarlo. Dios lo ha hecho así. Acéptalo tal como es.

Quiero decir aquí mismo que este me parece uno de esos pasajes donde Qohélet dice cosas con las que simplemente no podemos estar de acuerdo. ¡Ni siquiera el mismo Qohélet lo estará más adelante! En 7:29 su punto de vista es diferente, como veremos. Y, sin embargo, lo que dice es al menos parcialmente cierto a la luz de Génesis 3. Dios pronunció una maldición sobre la tierra debido al pecado y la rebelión humana. Pablo lo interpreta de una manera que habría hecho que Qohélet asintiera con la cabeza: "La creación fue sujetada a vanidad, no por su propia voluntad, sino por causa del que la sujetó en esperanza" —es decir, Dios— (Rm 8:20; RVR1995). Dios no hizo que las cosas estuvieran *originalmente* enredadas y torcidas, pero nuestro pecado ha producido ese mundo que

Dios ha sometido a vanidad, frustración, complicación y sinsentido que Qohélet analiza tan implacablemente.

Pero de momento, a estas alturas de su investigación, lo único que puede decir es: disfruta los días buenos y aprovecha al máximo los días malos. Cada día viene de Dios y no sabes lo que te deparará el futuro.

> Cuando te vengan buenos tiempos, disfrútalos;
> pero cuando te lleguen los malos,
> piensa que unos y otros son obra de Dios,
> y que nadie sabe con qué habrá de encontrarse después.
> (7:14).

Una vez más podríamos decir que, en cierto nivel, dentro de una idea completamente bíblica de la amorosa providencia de Dios en nuestras vidas, el versículo 14 puede ser una manera de vivir correcta y sensata. Pablo claramente espera malos tiempos para los creyentes, pero ve todos nuestros tiempos sometidos al gobierno soberano de Dios. Así que, incluso si no podemos conocer cuál será nuestro futuro personal al menos en esta vida —y eso es en todo lo que Qohélet está pensando en este momento—, podemos estar seguros de que "Dios hace que todas las cosas cooperen para el bien de quienes lo aman" (Rm 8:28, NTV),[19] y nada puede separarnos del amor de Dios.

Pero, siendo honestos, Qohélet no descansa del todo en Romanos 8:28, ¿no es cierto? En Qohélet, el versículo 14 no suena tanto como un acto de confianza tranquila sino más bien a que la frustración y el agotamiento lo llevaron a pasar del tema o incluso a un cierto fatalismo. Como la vieja canción de Doris Day —aunque sin la alegría de su música—, "*Que será, será*, whatever will be will be".

---

[19] El autor cita la NIV en inglés, refiriéndose a la nota a pie de página por creer que es la mejor traducción, pero la que más se parece en castellano no es la NVI, sino la NTV. N. T.

Ocurren cosas, para bien o para mal. Puedes darle gracias a Dios o echarle las culpas, lo que tú prefieras. De cualquier manera, no cambia mucho.

La vida es injusta: ¡qué tengas suerte! *(7:15-22)*
Qohélet cambia de sus reflexiones sobre lo complicada e imprevisible que es la vida a lo injusta que es. Parece estar muy enfadado, pero sigue sin tener una respuesta muy convincente.

Todo esto he visto durante mi absurda vida:
hombres justos a quienes su justicia los destruye
y hombres malvados a quienes su maldad les alarga la vida. (7:15).

La palabra técnica para este problema es teodicea, cómo justificar los caminos de Dios en el mundo. Porque si, como dicen repetidamente libros como Deuteronomio y Proverbios,[20] Dios bendice a los justos y castiga a los injustos, ¿por qué entonces hay personas buenas que mueren jóvenes y muchas personas malas que prosperan hasta la vejez? "¡Todo esto he visto [ambas cosas]!", dice Qohélet. Es un hecho constatable de la vida con el que estaría de acuerdo el escritor del Salmo 73, como ya hemos visto.

Entonces, dado que ese es el caso –y no podemos decir que no lo sea–, tratemos de mantener la cabeza gacha y no ser demasiado sabios ni demasiado justos, ni demasiado estúpidos ni demasiado malos. Cultivemos ambas cosas con moderación.

[16] No seas demasiado justo,
    tampoco demasiado sabio.
    ¿Para qué destruirte a ti mismo?
[17] No seas demasiado malo

---

[20] Para un firme apoyo de este aspecto de la teología del libro ver Deuteronomio 28–30, y Proverbios 15 para algunos ejemplos de cómo Dios reacciona ante los justos y los malvados, respectivamente.

ni te portes como un necio.
¿Para qué morir antes de tiempo?
[18] Bueno es agarrar esto
sin soltar aquello.
Quien teme a Dios evitará los extremos. (7:16-18).

Hasta ahí llega la contundencia de Qohélet. Estos versículos parecen aligerar no solo la diferencia existente entre la sabiduría y la necedad –diferencia absolutamente básica para toda la cosmovisión de la sabiduría; simplemente leamos al azar cualquier capítulo de Proverbios–, sino también la diferencia entre los justos y los injustos –diferencia crucial para toda la cosmovisión del pacto de Israel– y de hecho para toda la Biblia.

Mira el versículo 17: "No seas demasiado malo". ¿Habla en serio? No quieres ser *demasiado* malo, aunque –seguramente– puedes ser un *poco* malo si hace falta. ¡Un poco malo no está mal! Me recuerda una frase de una de las canciones del musical *Matilda*, que dice que cuando las cosas no van bien, a veces hay que ser un poco travieso.[21]

Puede que suene bien y divertido en un musical para niños donde los niños cometen travesuras bastante malas –aunque bien merecidas y extrañas– para hacer justicia tal como ellos la entienden. Pero como filosofía moral se aleja mucho de Levítico 19:2, por ejemplo –"Seréis santos porque yo, el Señor vuestro Dios, soy santo", (LBLA)–, y eso sin mencionar las enseñanzas de Jesús.

El último verso del versículo 18 es desconcertante. La nota a pie de página de la NIV en inglés bien puede tener razón. Qohélet pone la justicia y la maldad una al lado de la otra y lo que sugiere, no es "*evitar* los extremos", sino "*seguir* a ambos". Es decir, tener un pie en cada lado. Siéntete como en casa

---

[21] De la canción "Naughty" (Travieso), de Tim Minchin, de la adaptación teatral de 2013 del libro *Matilda* de Roald Dahl (Londres: Jonathan Cape, 1988).

entre los justos y los malvados. Una vez más tenemos que decir que esto acaba con una diferencia que es absolutamente crucial para Proverbios, para los Salmos y para toda la Biblia. ¿De verdad entiende Qohélet este consejo aparentemente amoral como compatible con el temor de Dios? Está muy lejos de los crudos dilemas antitéticos que Proverbios presenta ante quienes temen al Señor. Si eso es lo que implica el versículo, el narrador externo lo corregirá en 12:13.

Quizás el versículo 19 sea la forma en que Qohélet se aleja de las crudas implicaciones de lo que acaba de decir –o pudo haber dicho si, como he dicho antes, la posible interpretación del versículo 18 según la nota al pie de la NIV fuera correcta–, enfatizando de nuevo el valor supremo y la prioridad de sabiduría, según la cual sabe que el temor del Señor impediría tal relativismo moral.[22]

El versículo 20 es el único de Eclesiastés que citado directamente en el Nuevo Testamento.

No hay en la tierra nadie tan justo
que haga el bien y nunca peque. (7:20).

---

[22] La Biblia NET (2ª ed.) reconoce la posibilidad de la traducción de la nota al pie de la NIV, pero la desaprueba por la misma razón que he sugerido anteriormente: ¿podría Qohélet realmente haber llegado tan lejos? Interpretar las palabras de esa manera podría significar: "Adoptar un estilo de vida equilibrado que sea moderadamente justo y al mismo tiempo permita la autocomplacencia en una maldad moderada ("seguir a ambas", es decir, seguir tanto la justicia como la maldad). Pero eso parece alentar sin necesidad una racionalización antinómica del pecado y el compromiso moral". En cambio, la Biblia NET ofrece la traducción "porque el que teme a Dios seguirá ambas advertencias", es decir, las dos advertencias de los versículos 16 y 17. Pero es difícil ver cómo esto evita el aparente relativismo moral: simplemente permítase un poquito (no demasiado) de justicia y de maldad. Y se podría agregar que, sin correcciones posteriores, 9:1-2 también parece "alentar una racionalización antinómica del pecado y el compromiso moral".

Pablo lo toma como un hecho establecido que pende en juicio sobre todo ser humano (Rm 3:10). Pero en su contexto aquí, parece más una excusa para la comprometedora ambigüedad de los versículos 16-18. "Nadie es perfecto, ya ves, así que puedes ser indulgente con un poco de maldad. Es inevitable que peques algunas veces. Simplemente superarlo". Además, los versículos 21 y 22 parece que contribuyen a la rendición al recordarnos que cualquier pecado que condenemos en los demás probablemente sea cierto también en nosotros mismos.

> [21] No prestes atención a todo lo que se dice
> y así no oirás cuando tu siervo hable mal de ti,
> [22] aunque bien sabes
> que muchas veces también tú has hablado mal de otros. (7:21-22).

Vale, está bien. Pero eso no es motivo para ser indiferentes ante las diferencias cruciales existentes entre la justicia y la maldad.

Conclusión del viaje... hasta donde hemos llegado (7:23-29)

Llegados a este punto, con estos versículos, alcanzamos lo que parece ser la parte crucial y central de todo el libro. Aún no estamos en el clímax del libro, que se alcanza al final. Pero hemos llegado a un momento clave, a la mitad del camino.

> [23] Todo esto lo examiné con sabiduría
> y me dispuse a ser sabio,
> pero la sabiduría estaba fuera de mi alcance.
> [24] Lejos y demasiado profundo está todo cuanto existe.
> ¿Quién puede dar con ello?
> [25] Volví entonces mi atención hacia el conocimiento
> para investigar e indagar acerca de la sabiduría y la razón de las cosas;

entonces me di cuenta de la insensatez de la maldad y la locura de la necedad. (7:23-25).

Dos cosas importantes emergen de este breve pasaje.

- Primero, Qohélet nos cuenta lo difícil que es tratar de encontrar las respuestas que está buscando, pero sigue pensando que, a pesar de todo su esfuerzo, ha *fracasado* en su búsqueda.
- Segundo, Qohélet llegará a una conclusión en el versículo 29, conclusión que, a pesar de todo su pesimismo, nos muestra que de alguna manera todavía cree firmemente en las *dobles* verdades en conflicto de Génesis 1–3. El fracaso y la fe se dan la mano. ¿Quién ganará?

Los versículos 23-25 están llenos de palabras apasionadas y repetitivas. De hecho, lo ha intentado con todas sus fuerzas ("Me dispuse..."). ¡Quiere encontrar sabiduría mediante la sabiduría! Pero al fin descubre que la sabiduría le queda demasiado lejos y es demasiado profunda.

Es bastante irónico. ¡Está buscando la sabiduría y quiere usarla para alcanzarla! Parece un círculo vicioso, y con todo, es lo que hoy llamaríamos un ejercicio de razón autónoma. Nuestro raciocinio es en sí mismo algo muy bueno: uno de los maravillosos regalos que Dios ha otorgado a las criaturas humanas. Y este raciocinio nuestro –nuestra "sabiduría"– es extraordinariamente bueno para descubrir las *causas* de las cosas en un sentido científico. Podemos analizar y sondear *retrospectivamente* cómo han llegado las cosas a ser como son. Pero el mismo raciocinio –por sí solo– se desconcierta cuando se trata de descubrir el *significado* de las cosas, o el sentido y propósito de "la vida, el universo y todo lo demás". La razón humana por sí sola, sin ayuda, no puede penetrar el significado de la creación de la que ella misma forma parte. Podemos explicar el *cómo* pero no podemos explicar el *porqué*. Podemos descubrir las *causas*, pero por nosotros mismos no podemos discernir el *propósito*.

¡Y aun así, lo ha intentado con todas sus fuerzas! La primera mitad del versículo 25 emplea tres palabras diferentes para referirse a un esfuerzo mental intenso, poner atención, investigar e indagar. Todo este esfuerzo es para encontrar "la razón de las cosas" (NVI), o mejor, "una *explicación*". La palabra *heshbón* significa "estimación",[23] la solución correcta de una ecuación compleja, una conclusión satisfactoria después de haber sumado todo, como en el versículo 27. Es como el final de un misterio de Hércules Poirot, cuando se atan todos los cabos sueltos, se explican todas las pistas y el caso queda resuelto. Es el momento *heshbón*. Pero Qohélet no ha encontrado ninguna conclusión explicativa satisfactoria de ese tipo en su vida y sabe que no la encontrará en la tumba: allí no habrá *heshbón* (9:10).

La segunda parte del versículo 25 nos dice algo que él en particular quiere saber. ¿*Por qué* es estúpido ser malo? ¿*Por qué* es una locura ser necio? Seguramente en ambos casos cree que *así es*. Pero *no puede entender por qué* tiene que ser así, y sobre todo cuándo ha proporcionado abundantes observaciones empíricas que apuntan en la dirección opuesta. Los malos y los necios parece que se las arreglan bastante bien la mayor parte del tiempo. Y se podría decir –*se dice*– que en realidad es más estúpido y necio pasar toda la vida tratando de ser justo y sabio si al final no te lleva a ninguna parte mejor de a donde van los malos y los necios. En su cabeza da vueltas y más vueltas, así como a veces nosotros, si somos honestos.

¿Qué encontró entonces?

> Y encontré algo más amargo que la muerte:
> la mujer que es una trampa,
> su corazón es una red
> y sus brazos son cadenas.

---

[23] Entre otras acepciones. N. T.

> Quien agrada a Dios se librará de ella,
> pero el pecador caerá en sus redes. (7:26).

A primera vista, el versículo 26 suena bastante superficial, al menos si lo comparamos con su "gran investigación" para encontrar solución al misterio de la vida. O, si eres mujer, sonará francamente insultante. ¿Es esto todo lo que puede decir ahora, solo para advertirnos contra las prostitutas? ¿O simplemente está hablando mal de las mujeres en general?

¿Es nuestro Qohélet realmente un misógino?

Bueno, es posible. Eso sí, viniendo de la boca de este "supuesto" personaje de Salomón, tal opinión sería aún más irónica, dados los excesivos arreglos matrimoniales de Salomón en los que "la mujer que es una trampa" se multiplicó en los cientos de mujeres de su harén. Pero incluso si Qohélet está aquejado de misoginia, incluso si los versículos 26 y 28 son su experiencia personal con la mujer –desagradablemente despectiva–, debemos recordar que no tomamos sus palabras como "verdad del evangelio", como tampoco lo hacemos con las palabras registradas de los amigos de Job. Este es su propio hallazgo. Es su viaje, su experiencia, su conclusión, ¡no una verdad bíblica revelada!

¡No obstante! Hay otra manera de entender el versículo 26 que se la debo a Craig Bartholomew. Él sugiere que el versículo 26 bien puede ser metafórico. La "mujer que es una trampa" bien podría referirse a Doña Locura, el seductor contrapunto de Doña Sabiduría de Proverbios, la *femme fatale* que atrae a las personas a la locura para su propia ruina.

Ahora bien, por supuesto, las advertencias de Proverbios van contra el adulterio sexual y la prostitución. Sería difícil interpretar textos como Proverbios 5, 6 y 7 de otra manera que no sea literalmente: una firme advertencia para evitar las relaciones sexuales ocasionales antes o fuera del matrimonio, sin importar cómo haya sido la seducción.

Aun así, a lo largo de Proverbios 1 al 9 se nos insta repetidamente a prestar atención a una decisión contrapuesta: hay dos maneras de vivir, como justos o como impíos, como sabios o como necios. Hay dos caminos. Hay dos casas. Y hay dos mujeres *metafóricas*. En el clímax de esta sección inicial y orientadora de Proverbios se nos invita a ir a deleitarnos en la casa de Doña Sabiduría y disfrutar de todos los beneficios que ella ofrece (Prov 9:1-12). Pero entonces escuchamos otra voz, fuerte y gesticulante. Es Doña Locura, llamando a "los inexpertos... los faltos de juicio", que al principio encuentran que su oferta "sabe a gloria" y "a miel", pero que su final es fatal (Prov 9:13-18).

Por tanto, así como la sabiduría está *personificada* en Proverbios como una mujer digna y sana que fomenta la vida sana, justa y plena, así la *necedad* está personificada como una mujer peligrosa cuya seducción conduce en última instancia al dolor y la muerte. Y, dado que la manera de hablar de Qohélet acerca de "la mujer" en Eclesiastés 7:26 emplea un lenguaje muy parecido al de Proverbios, esa puede ser la idea. "La mujer que es una trampa" es la misma locura que él lucha por comprender (v. 25) y evitar.

Si es así, el versículo 26 puede ser en realidad una muestra de autocrítica dura y desesperada. Qohélet se ha esforzado mucho por encontrar la *Sabiduría*, la única "mujer" que de verdad quería encontrar. Pero en cambio, a quien ha encontrado es a Doña *Locura*. Anhelaba desesperadamente abrazar la sabiduría, pero terminó en los brazos de la locura. Se siente atrapado en un círculo vicioso de engaño del que no puede escapar. Y si es solo un pecador atrapado en la necedad –último verso del v. 26–, entonces toda su empresa ha de desagradar a Dios.

De hecho, podríamos preguntarnos: *¿dónde está* Dios en todo esto? Casi completamente ausente, aunque no del todo. Hace unos momentos, Dios estaba siendo acusado de hacer las cosas torcidas, de hacer cosas malas además de buenas

(7:13-14). Lo que hasta ahora falta en todo este capítulo en su incansable búsqueda de lo que es "bueno", es ese ingrediente esencial de la verdadera sabiduría: el temor del Señor. O como mínimo, la clase de temor del Señor que conduce a un compromiso total con una vida recta y al rechazo del mal, no el aparente compromiso y ambigüedad que frunce las cejas en el versículo 18. Antes de concluir el libro, en el capítulo 12, se reafirmará la importancia vital del verdadero temor del Señor. Pero en este momento, todo en lo que Qohélet confía es en su propio esfuerzo mental (v. 23).

Puede que sea un tanto anacrónico presentar a Qohélet como lo hace Bartholomew, actuando con una "epistemología autónoma", es decir, buscando conocimiento verificable a través únicamente de la observación empírica y la razón, sin recurrir a la revelación divina. Pero lo que sí parece claro es que su decidida, aunque solitaria, búsqueda de la sabiduría está resultando doblemente frustrante. No solo *no* ha encontrado lo que buscaba, sino que podría decirse que solo *ha* encontrado la locura que sabe que es una trampa. Hay mucha ironía y tragedia en esta búsqueda. Hay momentos en que Qohélet suena a Nietzsche en su forma más desesperadamente cínica y sarcásticamente aforística.

Quizás el autor del libro, el narrador externo de las secciones inicial y final, se da cuenta de lo impactantes y confusas que son las conclusiones que ofrecen estos versículos y por eso incluye en el versículo 27 un recordatorio de que él solo está repitiendo las palabras de Qohélet ("dijo el Maestro"), para "ajustarlo" más adelante. Necesitamos recordar que esta es la historia de la investigación de Qohélet.

Y esa investigación sigue pareciendo bastante desesperada si leemos el versículo 28.

>   ¡que todavía estoy buscando
>   lo que no he encontrado!

Ya he dado con un hombre entre mil,
pero entre todas las mujeres
aún no he encontrado ninguna. (7:28).

¿Otra vez –si lo leemos literalmente– ese tufo misógino del versículo 26? Antes de llegar a esa conclusión, recuerda que esta sección habla de *buscar, pero no encontrar*. Por tanto, este comentario no es una mera digresión que nos lleva una comparación despectiva entre hombres y mujeres. La idea simplemente es que no puede encontrar lo que busca y nadie parece poder ayudarlo, ya sea hombre o mujer. La palabra "hombre" es *'adam*, la palabra general para seres humanos, no *'ish*, para un varón. Y la palabra "*upright* (recto, perfecto)" de la NIV no está en texto hebreo.[24] Ha sido importado del versículo 29. Además, la forma del versículo 28b es la de un paralelismo hebreo. Es decir, se trata de transmitir una idea *única* de dos maneras paralelas, no de dos ideas distintas. Quiere decir que en toda su búsqueda fue difícil encontrar siquiera una persona entre mil, ¿para hacer qué?, ¿para explicar el sentido de la vida? Por tanto, no es un elogio para los hombres ni un insulto para las mujeres decir: "Encontré que el 0,1 por ciento de los hombres y el 0,0 por ciento de las mujeres capaces de ayudarme en mi búsqueda". Lo que defiende es que nadie pudo ayudarle a encontrar las respuestas que necesitaba.

Así lo entiende Eugene Peterson en *The Message* (El mensaje): "La sabiduría que he buscado no la he encontrado. No encontré ni un hombre ni una mujer entre mil que valieran la pena". A la luz de toda la esencia del pasaje partiendo del versículo 23, parece mejor interpretarlo así que asumir que lo que nos dice, más bien de soslayo, es que las mujeres siempre

---

[24] Casi ninguna de las versiones castellanas la incluyen. N. T.

lo han decepcionado, aunque tal cosa, por supuesto, es completamente posible para el personaje.

Pero de repente el capítulo termina con un sorprendente destello de luz, que parece contrarrestar parte del pesimismo de los versículos anteriores, y especialmente la confusión moral de los versículos 13-18.

> Tan solo he hallado lo siguiente:
> que Dios hizo perfecto al ser humano,
> pero este se ha buscado demasiadas complicaciones. (7:29).

De hecho, comienza el versículo de manera bastante enfática: "[¡Mira!] Tan solo he hallado *lo siguiente...*". La NVI no pone "¡Mira!", pero parece que Qohélet quiera llamarnos la atención e instarnos a aceptar lo que ahora está a punto de decir. Después de toda su búsqueda infructuosa, hay algo ("¡lo siguiente!") de lo que se ha dado cuenta y que cambia radicalmente algunas decepciones anteriores. Entonces, "Mira esto, es importante...".

Eclesiastés 7:29 es breve, pero reúne Génesis 1, 2 y 3 en un solo versículo: la bondad de la creación original de Dios y los "planes" destructivos de la humanidad.

Hay un juego de palabras bastante ingenioso, con dos palabras hebreas que suenan muy parecidas:

- *Heshbón*, que vimos arriba, significa una *explicación*, el fundamento que estaba buscando.
- *Hishebonoth*, que significa maquinaciones, invenciones (como las máquinas de guerra, 2 Cr 26:15).

Esta segunda palabra habla de inventos creados por nuestra propia inteligencia humana empleada para propósitos perversos desde la caída.

Lo que dice en 7:29 simplemente contradice lo ya dicho en 7:13: "Todo está torcido, y todo es obra de Dios". Pero no,

Qohélet ahora se da cuenta de que todo, incluida la raza humana, era bueno cuando Dios lo creó, pero nosotros mismos lo hemos echado a perder. No podemos culpar a Dios de la catástrofe que nosotros mismos hemos provocado. Cuando Dios mira a la raza humana, podría estar usando esa camiseta que usa la gente en Belfast. Belfast —la ciudad donde nací— es el hogar del famoso astillero que construyó el hundido *Titanic*. En la camiseta, debajo de una imagen del gran barco, aparece el descargo de responsabilidad: "¡Estaba bien cuando salió de aquí!"[25] —y has de decirlo con un fuerte acento de Belfast. Se trata de un toque de humor negro, pero atañe a una realidad que no tiene nada de gracioso, ni para el *Titanic* ni para la raza humana. La idea es que nosotros también estábamos bien cuando salimos por primera vez de las manos de Dios.

De modo que Qohélet ha alcanzado una conciencia crucial y penetrante. Como mínimo se da cuenta dónde está la causa de su falta desconcertante de entendimiento, que no tiene nada que ver con Dios. Se da cuenta de por qué no puede comprender el significado de la vida únicamente con la sabiduría humana, de por qué hay un mundo que no puede entender. La razón radica en la pecaminosidad humana y la capacidad para inventar tras la caída.

Al desear "conocer el bien y el mal" —es la historia de Génesis 3–, queremos controlar nuestra propia "brújula moral". Pensamos que podíamos definir por nosotros mismos lo que está bien y lo que está mal, lo sabio y lo necio, y terminamos en el completo desastre moral, espiritual e intelectual en el que nos encontramos. No podemos descubrir la verdad sobre el mundo sin que Dios nos la revele. Intentar hacerlo es inherentemente una forma de idolatría: es dar culto a nosotros mismos, a nuestra propia racionalidad, a nuestra propia capacidad.

---

[25] "She was fine when she left here". N. T.

Y al darnos cuenta de ello encontramos alguna pista que puede ayudarnos a salvar ese abismo patente a través de todo el libro, el abismo entre el tema dominante del sinsentido de todo cuanto ve en el mundo que lo rodea y su recurrente afirmación de que la vida y los dones de la creación de Dios son buenos. El relato bíblico reconoce la existencia de ese abismo y lo sitúa en la perspectiva correcta, aunque no aporte explicaciones claras para cada absurdo. El gran drama de las Escrituras comenzó con el Acto 1, la buena creación de Dios, pero pasó al Acto 2, la rebelión pecaminosa de la humanidad. Es lo que resume Qohélet en 7:29. Todavía hay conflictos por delante en su viaje, pero al menos ahora está entendiendo bien el comienzo de la historia bíblica. Y ese comienzo es de crucial importancia, para él y para todos nosotros. No encontraremos sentido al resto de la historia de la Biblia, ni dejaremos que dé sentido en los enigmas de Eclesiastés, a menos que captemos la verdad de cómo comenzó esa historia. Eclesiastés 7:29 es un reconocimiento básico.

Así que, a medida que avanzamos en los capítulos 8 y 9, encontraremos que esta idea válida del final del capítulo 7 por sí sola no aporta mucho consuelo. Todavía tiene que seguir viviendo en un mundo que no puede entender y morir de una manera que no puede ni predecir ni evitar. No obstante, *es una verdad* –una verdad bíblica–, que él ha llegado a articular de manera sucinta y veraz. Así que, al menos, ya tenemos una buena base. "Los hechos son nuestros amigos", dice repetidamente uno de mis compañeros de trabajo, ¡incluso cuando no nos gustan!

De hecho, incluso esta perspectiva limitada encierra alguna esperanza. Porque si en algún momento fuimos rectos, ¿no podríamos volver a serlo de nuevo? Una historia que no comenzó con nuestra *rebelión*, sino con nuestra *creación*, ofrece posibilidades, si nuestro Dios Creador así lo decide, ¡y lo ha decidido! Derek Kidner lo expresa perfectamente:

Tras los tanteos de este capítulo, el versículo [7:29] trae una refrescante certeza de que nuestros *muchos inventos* –nuestra confusión de las cuestiones morales, el rechazo del camino recto– son culpa nuestra, no nuestro destino... Dado que la insignificancia no fue la primera palabra acerca de nuestro mundo, tampoco tiene por qué ser la última.[26]

LA VIDA ES INEXPLICABLE (8:1-17)

Después de la montaña rusa del capítulo 7, ahora volvemos a un territorio algo más familiar, como muestra el capítulo 8:1 con su alabanza bastante directa de la sabiduría, aunque tal alabanza viene ya algo manchada por las reflexiones más pesimistas del capítulo 7. Le siguen inmediatamente algunas observaciones más sobre la vida social y política, sobre las cuales –como ya hemos visto– Qohélet se muestra más que un poco escéptico y suspicaz.

Hay que negociar la tiranía (8:1-9)

La vida política es ambigua y puede resultar amenazadora. Los versos que siguen parecen una letanía de consejos bastante pragmáticos para cualquiera que ocupe un cargo público.

> [2] Yo digo: Obedece al rey, porque lo has jurado ante Dios.
> [3] No te apresures a salir de su presencia. No defiendas una mala causa, porque lo que él quiere hacer, lo hace. [4] Puesto que la palabra del rey tiene autoridad, ¿quién puede pedirle cuentas?
> [5] El que acata sus órdenes no sufrirá daño alguno.
> El corazón sabio sabe cuándo y cómo acatarlas.
> [6] Para todo lo que se hace hay un cuándo y un cómo, aunque el ser humano tiene en contra un gran problema:

---

[26] Derek Kidner, *The Message of Ecclesiastes: A Time to Mourn and a Time to Dance*, The Bible Speaks Today, (Leicester: Inter-Varsity Press, 1976), 73.

⁷ que ninguno conoce el futuro
ni hay quien se lo pueda decir.
⁸ Nadie tiene poder sobre el viento para retenerlo;
ni hay quien tenga poder sobre el día de su muerte.
No hay licencias durante la batalla,
ni la maldad deja libre al malvado.
⁹ Todo esto vi al dedicarme de lleno a conocer todo lo que se hace bajo el sol: hay veces que el ser humano domina a otros para su propio mal. (8:2-9).

Si ocupas algún puesto administrativo como parte de la maquinaria gubernamental, es posible que tengas que hacer cosas que, por razones personales o éticas, normalmente evitarías. Pero debido al juramento que hiciste ante Dios de mostrar lealtad al jefe de gobierno –ya sea rey, presidente, primer ministro o cualquier otra cosa–, tendrás que someterte a esa autoridad humana superior (v. 2). Te enfrentarás a choques incómodos entre tu conciencia y tu lealtad política, un dilema entre la fe y la lealtad que todavía aflige a los cristianos en cuanto a la política.

Y cualquiera que sea su posición personal como asesor del jefe de gobierno, recuerda quién manda. Él hará lo que quiera de todos modos, por eso tus decisiones son difíciles. Puede gobernar de manera autocrática, sin rendir cuentas a nadie y sin aceptar críticas (vv. 3-4).

Lo más sabio en la mayoría de las circunstancias es seguir las instrucciones que se te dan, usar tu discreción y sentido común, y esperar lo mejor pero preparándote para lo peor (vv. 5-6).

Y como nada en la vida es seguro excepto la muerte, la política es intrínsecamente impredecible, salvo que la maldad al final te alcanzará. Considerándolo todo, la política trae consigo decisiones difíciles y peligros invisibles. Cuando alguien ejerce poder sobre otros, las personas resultan dañadas, a veces incluso quien ejerce el poder (vv. 7-9).

Protesta contra la injusticia (8:10-15)
Mientras tanto, la vida sigue siendo absurdamente injusta.

[10] Vi también a los malvados ser sepultados —los que solían ir y venir del lugar santo—; a ellos se les echó al olvido en la ciudad donde así se condujeron. ¡Y también esto es vanidad! [11] Cuando no se ejecuta rápidamente la sentencia de un delito, el corazón del pueblo se llena de razones para hacer lo malo. [12] El pecador puede hacer lo malo cien veces y vivir muchos años; pero sé también que le irá mejor a quien teme a Dios y le guarda reverencia. [13] En cambio, a los malvados no les irá bien ni vivirán mucho tiempo. Serán como una sombra, porque no temen a Dios.

[14] En la tierra suceden cosas que son vanidad, pues hay hombres justos a quienes les va como si fueran malvados y hay malvados a quienes les va como si fueran justos. ¡Y yo digo que también esto es vanidad! (8:10-14).

El versículo 10 es algo confuso. Podría significar que los impíos son alabados mientras viven, incluso allí donde ejercieron su impiedad. Y todos sabemos que la gente tiene muy poca memoria y sus lealtades son volubles, especialmente en el ámbito político. Las últimas noticias rápidamente desplazan la atención de los errores y equivocaciones, incluso los más recientes. O podría también significar que se prodigan elogios a los malvados después de su muerte, incluso cuando todo el mundo sabe que eran unos sinvergüenzas. La hipocresía prevalece.

El versículo 11 anticipa un proverbio que dice que "la justicia tardía no es justicia" y solo anima al incremento de los delitos.

A primera vista, los versículos 12 y 13 parece que se contradicen mutuamente:

- v. 12: los impíos *pueden* vivir mucho tiempo —aunque al final a los justos les irá mejor—,

- v. 13: los malvados *no* vivirán mucho tiempo –dado que no temen a Dios.

Bueno, ¿entonces qué? Seguramente el versículo 13 expresa lo que él desea que sea cierto, mientras que el versículo 12 expresa lo que ve que sucede. Pero, de cualquier modo –y esta es la idea que importa–, Qohélet nos dice que esto es algo que él "*sabe*" – subraya la palabra en el versículo 12. Así que aquí tenemos una firme afirmación de su fe subyacente. A pesar de algunas de las cosas que ha dicho antes –sobre las que volverá a reflexionar más adelante–, tiene la profunda certeza de que, en definitiva, el destino de los justos y de los impíos será diferente. El temor del Señor, presente o ausente, es el factor determinante.

Pero, entonces, según su forma típica, habiendo declarado lo que sabe y afirma por fe, "que también le irá mejor a quien teme a Dios", inmediatamente lo enfrenta con el desconcertante enigma de que en la vida real puede parecer que las cosas son al revés (v. 14), lo que parece ser simplemente absurdo: usa la palabra [vanidad] al principio y al final del versículo.

Y tenemos que estar de acuerdo con él, ¿no es cierto? No solo parece inútil sino francamente injusto, absurdo e insoportable que la buena gente sea tratada como si fueran criminales mientras que los verdaderos delincuentes quedan impunes. Protestamos gritando: "¿Por qué?". Y si tal es nuestro instinto *humano*, Proverbios nos dice que también apesta en las narices de Dios.

> Absolver al culpable y condenar al inocente: son dos cosas que el Señor aborrece. (Prov 17:15).

Está claro que Qohélet no pudo haberlo visto, pues sería el ejemplo histórico supremo de lo que describe Eclesiastés 8:14a y lo que finalmente eliminaría el "sinsentido". Según ese verso, "los justos reciben lo que merecen los impíos" es exactamente lo que sucedió en la cruz de Cristo. Ahí es donde "al que no cometió pecado alguno, por nosotros Dios lo trató como pecador, para que en él recibiéramos la justicia de Dios" (2 Cor 5:21). La mayor *injusticia humana*, la cruz, se convirtió en la *justicia divina* definitiva a nuestro favor según la justicia salvadora y reconciliadora de Dios.

Evidentemente, Qohélet no está pensando en esa visión asombrosa del profeta:

> ⁴ Ciertamente él cargó con nuestras enfermedades
> y soportó nuestros dolores,
> pero nosotros lo consideramos herido,
> golpeado por Dios y humillado.
> ⁵ Él fue traspasado por nuestras rebeliones
> y molido por nuestras iniquidades.
> Sobre él recayó el castigo, precio de nuestra paz
> y gracias a sus heridas fuimos sanados.
> ⁶ Todos andábamos perdidos, como ovejas;
> cada uno seguía su propio camino,
> pero el Señor hizo recaer sobre él
> la iniquidad de todos nosotros. (Is 53:4-6).

Para Qohélet, el versículo 14 simplemente resume lo absurdo y lo injusto de esta vida. Las personas malas y buenas a menudo obtienen lo contrario de lo que merecen.

¡Además!, aun así, se recupera con otra de sus firmes afirmaciones sobre la bondad de la vida; la quinta de hecho:

> ¹⁵ Por tanto, celebro la alegría, pues no hay para el ser humano nada mejor bajo el sol que comer, beber y alegrarse. Solo eso le queda de tanto afanarse en esta vida que Dios le ha dado bajo el sol. (8:15).

Lo dice de forma breve, pero transmite el mismo mensaje. Comer, beber, estar alegres, trabajar... todas estas son cosas buenas. Por eso "te lo recomiendo... disfrútalos", dice.

135

Pero protestamos asombrados, ¿cómo es posible que elogies el versículo 15 inmediatamente después de lo que dices en el versículo 14? ¿Cómo se puede disfrutar de la vida en un mundo tan lleno de absurda injusticia? ¿No es esta una flagrante contradicción moral? Y si esa contradicción es obvia para nosotros, no puede ser simplemente accidental, como si Qohélet no pudiera ver la contraposición entre la falta de sentido del versículo 14 y el homenaje del versículo 15.

Qohélet parece oponer deliberadamente dos maneras diametralmente opuestas de ver la vida con las que, sin embargo, tenemos que vivir de algún modo:

- La vida está llena de injusticias sin sentido (v. 14).
- La vida consiste en disfrutar los buenos regalos de Dios (v. 15).

Pueden parecer contradictorias y, sin embargo, tiene que decir que ambas son verdaderas: una como verdad de observación empírica y la otra como verdad de fe bíblica. No puede negar lo primero sin contradecir lo que ven sus propios ojos. Y no puede negar lo segundo sin negar la fe que es el fundamento de toda su cosmovisión.

Esta combinación me recuerda la canción que una pequeña comunidad de creyentes en Costa Rica canta antes de cada comida. Casa Adobe es una pequeña comunidad de personas creativas que saben lo que quieren, dirigida y organizada por Ruth y Jim Padilla DeBorst. En la comunidad hay algunas personas necesitadas y destrozadas, víctimas de un mundo destrozado. Pero viven juntos y lo comparten todo, y en sus comidas *celebran y disfrutan* de manera muy consciente la comida sana y el buen vino que Dios les regala. Su oración antes de las comidas –que yo mismo canté con ellos durante una corta estancia allí hace ya algunos años– reconoce la doble realidad de nuestro texto: la bondad del don de la creación de Dios, el pan; y la presencia del hambre y la injusticia en nuestro mundo. La oración en español dice así:

Bendice, Señor, este pan nuestro.
Da pan a los que tienen hambre,
Y hambre de justicia a los que tienen pan.
Bendice, Señor, este pan nuestro.

Es una combinación plenamente bíblica de gratitud y lamento.

La arrogancia desenmascarada (8:16-17)

Volviendo a Qohélet, concluye este capítulo con su característico desconcierto. Incluso, agotado por su estudio e investigación exhaustivos –día y noche–, no encuentra lo que está buscando.

> [16] Al dedicarme al conocimiento de la sabiduría y a la observación de todo cuanto se hace en la tierra, sin poder conciliar el sueño ni de día ni de noche, [17] pude ver todo lo hecho por Dios. ¡El hombre no puede comprender todo lo que se hace bajo el sol! Por más que se esfuerce por hallarle sentido, no lo encontrará; aun cuando el sabio diga conocerlo, no lo puede comprender. (8:16-17).

Nos recuerda la tarea que lo ha ocupado desde el comienzo del libro: un estudio exhaustivo de "todo cuanto se hace en la tierra" (v. 16), o como lo expresó en 1:13, "todo cuanto se hace bajo el cielo". Y está claro que se refiere a la vasta empresa de la humanidad, a todas nuestras obras y logros humanos y a las grandes maravillas de la civilización.

Pero bien podríamos cuestionarnos la forma en que, en el versículo 17, parece equiparar ese gran esfuerzo *humano* con "todo lo hecho por *Dios*". Seguramente la obra de Dios en la tierra excede todo lo que la *humanidad* ha hecho. ¿Qué hacemos con la creación misma? ¿Qué pasa con los grandes actos de juicio y redención en la gran narrativa de Israel?

Quizás estemos siendo demasiado críticos, pero al menos podemos admirar su *humildad*: sabe que, por mucho que lo intente, no puede comprender el sentido pleno de la vida. En el versículo 8:1a no dice que los sabios tengan *todas* las explicaciones para *todo*. Y podemos sonreír ante su *honestidad* cuando pincha la burbuja de la arrogancia académica: ¡sabe que ninguna otra persona puede entenderlo todo tampoco, digan lo que digan! Hay un mundo ahí fuera que *él* no puede entender. Quizás, solo como una pizca de sombrío consuelo, se da cuenta de que no es el único.

LA MUERTE ES INELUDIBLE (9:1-12)

Este capítulo es seguramente el más claramente pesimista de todo el libro, justo antes de la sección final. Y, sin embargo, sorprendentemente también contiene la más positiva de todas sus afirmaciones sobre la vida. Es un capítulo de inmensos y enormes contrastes.

La muerte lo destruye todo (9:1-6)

Qohélet ya se ha enfrentado a la muerte varias veces. Está desconcertado y angustiado por ello porque parece destruir todo el sentido de la vida, sin importar lo que consigas. Y en cualquier caso, no puedes controlar lo que viene después de ti, por lo que cualquier esperanza de un gran legado es muy frágil.

Incluso va más allá. La muerte parece acabar incluso con algunas diferencias que son parte esencial de la fe bíblica.

[1] A todo esto me dediqué de lleno y comprobé que los justos y los sabios, junto con sus obras, están en las manos de Dios; pero ninguno sabe del amor ni del odio, aunque los tenga ante sus ojos.
[2] Para todos hay un mismo final: para el justo y el injusto, para el bueno y el malo, para el puro y el impuro, para el que ofrece sacrificios y para el que no los ofrece.

Tanto para el bueno,
como para el pecador;
tanto para el que hace juramentos,
como para el que no los hace por temor.

³ Hay un mal en todo lo que se hace bajo el sol: todos tienen un mismo final. Además, el corazón del hombre rebosa de maldad; la necedad está en su corazón toda su vida y después de eso la muerte. ⁴ ¿Por quién, pues, decidirse? Entre todos los vivos hay esperanza, pues vale más perro vivo que león muerto.

⁵ Porque los vivos saben que han de morir,
pero los muertos no saben nada;
tampoco tienen recompensa,
pues su memoria cae en el olvido.
⁶ Sus amores, odios
y pasiones llegan a su fin;
nunca más vuelven a tener parte
en nada de lo que se hace bajo el sol. (9:1-6).

El capítulo comienza con una declaración tan impactante como cualquier otra que hayamos encontrado hasta ahora. Qohélet comienza afirmando un elemento central de la teología de cualquier creyente, una convicción que se presenta repetidamente como una seguridad enormemente reconfortante de los libros de los Salmos y Proverbios. Esa declaración de fe es que si sigues las enseñanzas de la Biblia, temes a Dios y vives de una manera justa y sabia, entonces tu vida está a salvo en las manos de Dios (1a). ¿Estás de acuerdo?

Pero después, en la segunda mitad del versículo 1, dice algo realmente asombroso. Puede que todo eso esté muy bien en la vida —aunque incluso sea cuestionable, como señaló en 8:14—, pero ¿qué sucede cuando mueres? ¿De qué te sirven entonces tu justicia y tu sabiduría? ¿Qué te "espera" al otro lado de la muerte?

"Amor u odio" significan aquí la aprobación o el juicio de Dios. ¿Cuál de ellos será? ¡Nadie lo sabe! Nadie ha vuelto a decírnoslo. "Hasta donde alcanza la vista", ¡es igual para todos! La muerte es nuestro destino común, y lo que hay más allá de la muerte también podría ser el mismo para todos. Simplemente no lo sabemos.

¿Es eso realmente lo que quiere decir?

Sí, y lo recalca aún más en el versículo 2.

Echemos un vistazo de cerca a las palabras que Qohélet contrapone por parejas en este versículo:

- Justos e injustos.
- Bueno y malo.
- Puro e impuro.
- El que ofrece sacrificios y el que no los ofrece.
- El bueno y el pecador.
- El que hace juramentos y el que no los hace.

Se trata de criterios diferenciadores. Son como polos opuestos en la fe del pacto de Israel. Y puesto que Qohélet, como es obvio, es un israelita que cree en Yahvé, está acostumbrado a estas diferencias que subyacen en toda la narrativa y estructura de la Torá.

Conoce la fe que él está sometiendo a la prueba de fuego de la muerte. Aquí está la lista de diferencias claras y destacadas de las Escrituras que él conocía. Eran algunos de los propios criterios de la aprobación o juicio de Dios.

Pero, como sostiene, ¡ninguno de estos conceptos antitéticos marca la diferencia al final! La muerte hunde todas las diferencias hasta convertirlas en igualdades sin sentido. No importa si has vivido en uno de los lados de los opuestos o en el otro. Cuando estás muerto, estás muerto y todos terminamos en la misma situación, cualquiera que esta sea.

Naturalmente, como hemos aprendido a aceptar del escritor, Qohélet se contradice alegremente mientras se enfrenta a los misterios de la vida y de la muerte, tratando con todas sus fuerzas de reconciliar las tensiones que se generan. ¿Recuerdas cómo, allá por 5:1-7, nos advirtió que seamos reflexivos y cuidadosos en la forma en que rendimos culto y que seamos cautelosos en lo que prometemos con nuestros votos o juramentos? Pero aquí sugiere que, de todos modos, en realidad no importa. Todas sus prácticas religiosas y comprometidos juramentos no harán ninguna diferencia. Terminarás igual de muerto sea como sea y nadie sabe cuál será tu destino. "Todos tienen un mismo final" (v. 3).

La muerte es, entonces, simplemente un mal inexplicable y tan inaceptable como la locura. Es el mal final para los corazones impíos de las personas injustas mientras vivimos en este mundo perverso (v. 3). Al menos, Qohélet se toma muy en serio el veredicto sobre la vida humana que leemos en textos como los que siguen:

> Al ver el Señor que la maldad del ser humano en la tierra era muy grande y que toda inclinación de su corazón tendía siempre hacia el mal. (Gn 6:5).

> Nada hay tan engañoso como el corazón.
> No tiene remedio.
> ¿Quién puede comprenderlo? (Jr 17:9).

¿Y qué dices tú?

"¿Por quién, pues, decidirse? Entre todos los vivos hay esperanza, pues vale más perro vivo que león muerto" (ver v. 4).

Vale, puede que así sea. ¡Pero solo es "mejor" porque si estás vivo al menos sabes que vas a morir, pero si estás muerto no sabes nada en absoluto (v. 5a)!

Los versículos 5 y 6 son tremendamente negativos y pesimistas. La muerte parece descartar que la vida valga nada. La muerte pone fin abruptamente a todas nuestras relaciones, buenas o malas, a todas nuestras emociones y pasiones, a toda nuestra participación en el mundo de los vivos.

Este parece ser el final del camino en la investigación de Qohélet, o al menos de una de sus dimensiones. Es que no puede *ver* más allá de la muerte. Y puesto que toda su investigación se basa en lo que puede *ver*, no puede ver ningún valor en una vida que hay que vivir con la perspectiva permanente de la muerte. Parece acabar en un nihilismo casi absoluto.

Con todo, una vez más tenemos que detectar aquí un elemento de ironía. Hay algo que Qohélet realmente sabe, aunque no vea lo que tal cosa implica. Porque él declara con atrevimiento: *Esto es el mal...* (v. 3). ¿Pero de dónde viene tal evaluación? Si, en definitiva, *todo* carece de sentido y no hay diferencia, ¿cómo puede entonces decir que una cosa es mala y otra no? La idea misma de que algo es malo y otra cosa es buena proviene de algún criterio objetivamente real que ha de trascender nuestras vidas y experiencias limitadas. De lo contrario, ¿cómo lo sabríamos? Saber que *lo malo es malo* y ser capaz de evaluarlo moralmente como tal requiere tener conciencia de la alternativa y algunas bases objetivas que nos permitan distinguir.

Incluso nuestro sentimiento de indignación ante la perversidad del mal —tan característico en Qohélet—, es un signo de esperanza. La protesta solo tiene sentido cuando brota de anhelar una realidad que uno sabe que es buena. La protesta contra el mal, asumiendo que es malo, indica que sabemos que puede y debe haber algo mejor. Solo sabemos lo que es malo porque sabemos lo que es bueno. Y como conocemos la diferencia, anhelamos que haya algo *mejor* que lo que vemos a nuestro alrededor.

¿Pero lo *habrá* alguna vez?

¿Habrá alguna vez algo mejor que este mundo con todos sus irritantes absurdos?

La respuesta a esa pregunta solo puede venir de Dios. Pero incluso creyendo que Dios tiene la respuesta al problema del mal, de la injusticia y de la misma muerte, podemos seguir estando tan desconcertados como Qohélet, *a menos y hasta que tomemos en cuenta la historia bíblica más general.* Y lo haremos un poco más adelante.

La vida es un regalo y un gozo (9:7-10)

[7] ¡Anda, come tu pan con gozo! ¡Bebe tu vino con corazón alegre, que Dios ya se ha agradado de tus obras! [8] Que sean siempre tus vestidos blancos y que no falte nunca el perfume en tu cabeza. [9] Goza de la vida con la mujer amada cada día de la vida de vanidad que Dios te ha dado bajo el sol. ¡Cada uno de tus días de vanidad! Esta es la recompensa de tu vida y de los afanes que pasas bajo el sol. [10] Y todo lo que te venga a la mano, hazlo con todo empeño; porque en los dominios de la muerte [*Sheol*], adonde te diriges, no hay trabajo ni planes ni conocimiento ni sabiduría. (9:7-10).

¡A estas alturas estamos ya tan acostumbrados a esta táctica! En el contexto absolutamente sombrío de los versículos 1 al 6, Qohélet aparece una vez más con su fuerte afirmación de lo buena que es la vida aquí y ahora. ¡Claro que todos vamos a morir! Pero mientras tanto, hay que disfrutar de la vida como regalo de Dios que es. En verdad, la perspectiva de una muerte inevitable hace que esto sea aún más urgente e imperativo. ¡Disfruta de la vida antes de que sea demasiado tarde!

De nuevo oímos, por sexta vez, su invitación a disfrutar de la vida. Y esta vez de la manera más plena y sin reservas posible, aunque con cierto sarcasmo negativo tan propio de su humor negro. ¡Pero qué sorprendente paradoja es que Qohélet sea capaz de expresar el torrente de sentimientos de los versículos 7-10 después de haberse revolcado en la miseria de los versículos 1-6!

De manera muy enfática –notemos cómo invoca a Dios dos veces–, defiende, o mejor dicho, nos *manda* disfrutar:

- Comida y bebida.
- Corazones contentos.
- Buena ropa.
- Aceite (perfume delicado).
- Matrimonio.
- Trabajo.

Y mientras estemos vivos tenemos que disfrutar de todas estas cosas con todas las fuerzas de nuestro corazón. Porque, evidentemente, en la tumba ninguno de ellos estará disponible. Se trata, como mínimo, de un estímulo para vivir la vida al máximo ahora. Para algunos es el único estímulo que tienen. E incluso para el cristiano, dentro de lo que cabe, es un estímulo fuerte. La realidad es que tenemos un tiempo limitado para servir a Dios y disfrutar de sus dádivas en nuestra vida terrenal, aunque sabemos mucho más sobre lo que hay más allá de la muerte de lo que sabía Qohélet. Por tanto, mientras podamos, debemos vivir con el mayor entusiasmo y productividad posibles. Como cristianos, aprovechar las oportunidades está perfectamente bien, dada la brevedad de nuestra vida en la tierra.

> [4] Mientras sea de día, tenemos que llevar a cabo la obra del que me envió. Viene la noche cuando nadie puede trabajar. (Jn 9:4).

> [15] Así que tengan cuidado de su manera de vivir. No vivan como necios, sino como sabios, [16] aprovechando al máximo cada momento oportuno, porque los días son malos. (Ef 5:15-16).

> [21] Porque para mí el vivir es Cristo y el morir es ganancia. [22] Ahora bien, si seguir viviendo en este cuerpo representa para mí un trabajo fructífero, ¿qué escogeré? ¡No lo sé! (Flp 1:21-22).

Pero ¿qué está ocurriendo? ¿Cómo es posible que Qohélet esté intentando unir los versículos 1-6 con 7-10? Se siente una enorme tensión. Hay un tira y afloja en la mente de Qohélet entre dos cosas:

- *Lo que observa: que la vida no tiene sentido*. Esta es la implicación lógica de su epistemología, todo cuanto alcanza a ver con las herramientas de la experiencia; con la muerte la vida se vuelve aparentemente inútil.
- *Lo que cree: que la vida es buena*. Esta es la fe en la creación ortodoxa de Israel: la vida es buena en muchos sentidos porque es el regalo del Señor Dios único, verdadero, bueno y vivo.

Ambos puntos de vista se rechazan recíprocamente. Y están desgarrando a Qohélet con una tensión en su mente que no tiene solución. Su investigación parece haberlo llevado a una dicotomía radical: dos interpretaciones opuestas de la vida que parecen contradecirse y anularse la una a la otra sin que al parecer haya forma alguna de superar la sima que las separa. De hecho, el pesimismo de lo que observa parece infiltrarse en la afirmación positiva que quiere hacer sobre la base de su fe en la creación. Así que incluso el gozo del matrimonio es solo para "cada día de la vida de vanidad" (v. 9b). Incluso la satisfacción por el trabajo duro y productivo está contaminada por la perspectiva de no poder realizar ningún trabajo que valga la pena después de la muerte (v. 10b).

Así que, aun en medio de todo esto, su sexta y más larga reafirmación de vida, su intuición de la falta de sentido y fugacidad de todo, va a remolque de su alegría por vivir. ¿Cómo se puede superar la sima existente entre la auténtica bondad y alegría de vivir y los enigmas desesperanzados de la muerte? Ni siquiera la notable revelación de 7:29 ha impedido esta tensión culminante aún sin resolver. Empieza a parecer que Qohélet, en este punto de su investigación, estaría en condiciones de unirse a U2 en el repetido estribillo de una de sus canciones más desgarradoras: "I still haven't found what I'm looking for (Aún no he encontrado lo que estoy buscando)".[27]

---

[27] De su álbum, *The Joshua Tree*, Island Records, 1987.

La vida es impredecible: la muerte inevitable (9:11-12)

Qohélet vuelve a la cuestión de la imprevisibilidad. Primero nos ofrece un poema típicamente espléndido. Es claro, breve, simple, concreto... ¡y verdadero! Incluye una idea poderosa: que nunca puedes estar seguro de ningún resultado, no importa cuán obvio pueda parecer previamente según todas las apariencias.

> [11] Me fijé de nuevo que bajo el sol
> la carrera no la ganan los más veloces
> ni ganan la batalla los más valientes;
> tampoco los sabios tienen qué comer
> ni los inteligentes abundan en dinero,
> ni los instruidos gozan de simpatía;
> sino que a todos les llegan buenos y malos tiempos. (9:11).

Por cierto, me encanta cómo George Orwell "traduce" esto al tipo de inglés moderno que tanto deploraba. Está en su artículo clásico, "Politics and the English Language" (La política y el idioma inglés), donde aboga por un lenguaje simple con palabras sencillas en lugar de una jerga elegante, polisilábica y pretenciosa. Alabando al Eclesiastés por su poderosa y concreta sencillez, glosa con ironía cómo se escribiría hoy este versículo:

> Las consideraciones objetivas del fenómeno contemporáneo obligan a concluir que el éxito o el fracaso en las actividades competitivas no tiende a ser proporcional a la capacidad innata, sino que invariablemente se debe tener en cuenta un elemento considerable de lo impredecible.[28] [29]

---

[28] George Orwell, "Politics and the English Language", publicado por primera vez en *Horizon* 13:76 (abril de 1946), 252–65.
[29] Texto original transcrito por el autor y consultado en la página oficial de la Orwell Foundation: "Objective consideration of contemporary phenomena compels the conclusion that success or failure in competitive activities exhibits no tendency to be commensurate with innate capacity, but that a

OK. ¡Vale! ¡Me quedo con Qohélet sin dudarlo!

Pero hay un punto más profundo en la observación de Qohélet. Califica uno de los temas recurrentes del libro de Proverbios, a saber, el principio de "carácter–consecuencia". Es decir, la tan repetida advertencia de que, por ejemplo, si trabajas mucho prosperarás; si eres perezoso, te hundirás en la pobreza.[30] Qohélet dice: "Hasta donde me alcanza la vista, no siempre es así". Y evidentemente tenía razón.

Qohélet nos fuerza a reconocer que no podemos tomar los principios generales de Proverbios como leyes sin excepciones o como promesas grabadas en piedra. La fe bíblica no tiene una visión mecánica del universo. Ciertamente existen principios y consecuencias morales que forman parte del universo según Dios lo ha ordenado. Pero la vida nos presenta todo tipo de excepciones cuando las cosas no salen como pensábamos que deberían salir. La sabiduría tiene en cuenta *ambas* dimensiones de la vida: los principios generales y las excepciones absurdas.

Y por encima de todo, nuestra propia muerte es impredecible en cuanto a *cuándo* sucederá, aunque es absolutamente seguro *que* sucederá.

Vi además que nadie sabe cuándo le llegará su hora.
Así como los peces caen en la red fatal
 y las aves caen en la trampa,
también los hombres se ven atrapados
 por una desgracia que de pronto les sobreviene. (9:12).

Las desgracias como la muerte misma llegan como la red que atrapa a un pez o la trampa a un pájaro: inesperadas pero

---

considerable element of the unpredictable must invariably be taken into account." https://www.orwellfoundation.com/the-orwell-foundation/orwell/essays-and-other-works/politics-and-the-english-language/ consultada el 3/09/2023. N. T.

[30] P. ej., Prov 6:6-11; 12:24, 27; 24:30-34; 28:19.

inevitables una vez atrapados. Los cristianos no estamos exentos de tales "desgracias". Ocurren. El desafío para nosotros que estamos en Cristo es saber "estar firmes" en el día malo:

> Por lo tanto, pónganse toda la armadura de Dios, para que cuando llegue el día malo puedan resistir hasta el fin con firmeza. (Ef 6:13).

La vida es, pues, impredecible, aun estando todos los mejores principios de sabiduría en vigor; y la muerte es ineludible, no podemos escapar de ella.

LA SABIDURÍA CUESTIONADA (9:13-16)[31]

> [13] También vi bajo el sol este notable caso de sabiduría: [14] una ciudad pequeña, con pocos habitantes, contra la cual se dirigió un rey poderoso que la sitió y construyó a su alrededor una impresionante maquinaria de asalto. [15] En esa ciudad había un hombre pobre, pero sabio, que con su sabiduría salvó a la ciudad, ¡pero nadie se acordó de aquel hombre pobre! [16] Yo digo que «la sabiduría es mejor que la fuerza», aun cuando se menosprecie la sabiduría del pobre y no se preste atención a sus palabras. (9:13-16).

Este pequeño relato parece contado simplemente para reforzar el punto de que incluso un ejemplo de buena sabiduría que obtiene buenos resultados acaba olvidado y menospreciado. Un ejemplo de sabiduría –quizás referido a algún acontecimiento histórico bien conocido que los propios contemporáneos de Qohélet habrían reconocido– demuestra que ni siquiera la sabiduría tiene un valor perdurable y puede acabar en el olvido.

---

[31] 9:17-18, señala que un buen consejo está muy bien, pero que "un pecador" puede arruinarlo todo, seguramente pertenece a la secuencia de proverbios del capítulo 10.

Y de algún modo, después de un capítulo como este, no se nos podría culpar por pensar que "bueno, ¿qué otra cosa puedes esperar? Eso es este mundo para ti".

PREGUNTAS PARA LA REFLEXIÓN Y EL DEBATE

1. Eclesiastés 7:1-10 cita varias paradojas, donde si lo piensas bien, algo negativo puede ser sorprendentemente "mejor" que su opuesto. ¿Has encontrado otros ejemplos en tu propia experiencia en los que tal cosa sea cierta? ¿Has llegado a una conclusión mejor que la que ofrece Qohélet en 7:14?
2. A la luz de las palabras de Qohélet sobre las tensiones y los peligros de la vida política en 8:1-9, ¿puedes identificar y discutir algunos temas actuales en los que los cristianos involucrados en la vida pública y política tienen que gestionar el conflicto existente entre sus principios y las circunstancias que los rodean?

CAPÍTULO V

ALÉGRATE Y RECUERDA

Eclesiastés 9:17-12:14

Por fin, Qohélet llega al final de su investigación –concluye con un poema en 12:1-7–, tras el cual viene el veredicto final y el consejo del narrador (12:8-14). Al final están de acuerdo, ¡mayormente! El narrador alabará a Qohélet (12:9-10), pero sus propias palabras finales contradicen, o como mínimo critican severamente, algunas de las reflexiones más radicalmente pesimistas de Qohélet que de vez en cuando nos han sorprendido. Al final, el narrador apoya esas convicciones basadas en la fe que Qohélet también defiende, no permitiendo así que prevalezcan sus textos "sin sentido". Pero como veremos, tal cosa no significa que ni Qohélet ni el narrador crean haber resuelto con éxito todo el problema. ¡Qué va!, el hecho bruto observable de *hebel* sigue estando ahí (12:8). Todavía hay muchas cosas sobre la vida en este mundo que siguen siendo desconcertantes, complicadas y aparentemente vanas. Vivimos en un mundo donde ocurren tantas cosas que sencillamente desafían cualquier explicación racional. La fe no *niega* los conflictos de la vida, sino que nos llama a vivir con Dios en medio de ellos, incluso cuando no tenemos ni explicaciones ni respuestas satisfactorias.

"DOS MANERAS DE VIVIR": ¿SABIDURÍA O NECEDAD? SÍ, PERO... (9:17–11:6)

Esta sección parece un interludio apacible, que nos proporciona una pausa para tomar aliento después del radical pesimismo del capítulo 9, antes de llegar a los pasajes finales más positivos.

Recuerda que Qohélet forma parte de la tradición literaria sapiencial de Israel. Era uno de sus "sabios" (12:9-11). Y a lo largo de toda esa tradición hay una dualidad fundamental: sabiduría o necedad. Tienes que escoger. Y la fe de Israel, por supuesto, nos insta a elegir la primera.

De hecho, podemos señalar algunas otras dimensiones esenciales de este dualismo. Hay como mínimo tres conceptos antitéticos fundamentales en la tradición sapiencial que están permanentemente ante nuestros ojos:

- Sabio   Necio
- Justo   Injusto
- Piadoso   Impío[32]

Lo que quiere decir que los maestros que enseñaban la sabiduría de Israel veían una fuerte conexión entre las dimensiones *intelectual, moral y espiritual* de la vida humana. Cada uno de ellos influye sobre los demás. Los israelitas no separaban

---

[32] Los tres conceptos antitéticos son resaltados muchas veces en Proverbios 1–9, sirviendo como prólogo teológico y ético para el resto del libro.

el aprendizaje académico del comportamiento ético y de la fe religiosa.

Por eso el temor del Señor es el primer principio de la sabiduría. Tenemos que saber qué *creer*, lo que proviene de saber en quién *confiar*. Y eso es fundamental para luego saber *pensar*, porque Dios da forma a toda nuestra cosmovisión y categorías mentales. Y basados en esa combinación de fe y razón centradas en Dios sabremos cómo *comportarnos*. Y es en nuestra relación con el Dios vivo –en el temor del Señor– que recibimos la guía de Dios en las tres áreas. El temor del Señor moldeará nuestras vidas según los caminos de la sabiduría, la justicia y la piedad y nos ayudará a evitar sus contrarios, los caminos de la necedad, la maldad y la impiedad.

Qohélet conoce y acepta abiertamente tal cosmovisión y conoce muchos proverbios que la expresan, como los que encontramos tantas veces en el libro de Proverbios. Pero él no puede evitar comentar, incluso aquí, que el estudio de la vida parece a menudo socavar esos sencillos conceptos duales antitéticos o mostrar que las cosas pueden ser más complicadas e inciertas de lo que sugieren esos extremos contrapuestos. Por eso sigue habiendo confusión y misterio, incluso cuando aceptamos lo que básicamente afirman la sabiduría, la justicia y la piedad.

En consecuencia, en 9:17–11:6 nos da una combinación de proverbios tradicionales que en su mayoría reflejan esa cosmovisión de "doble vía". Pero a continuación los acompaña con una serie de comentarios –sus propios "hechos alternativos", podríamos decir– que hacen que tengamos que poner algunos signos de interrogación a lo que parece obvio o cierto. Es que la vida no siempre funciona como se supone que ha de hacerlo.

Sabemos cuál de los "dos caminos" debemos elegir. Nos esforzamos por elegir el camino de la sabiduría, la justicia y la piedad.

Es cierto, pero... a veces...

La necedad se impone (9:17–10:7)

¹⁷ Más se atiende a las palabras tranquilas de los sabios
    que a los gritos del jefe de los necios.
¹⁸ Es mejor la sabiduría que las armas de guerra,
    pero un solo pecador destruye muchos bienes.
¹⁰:¹ Las moscas muertas apestan
    y echan a perder el perfume.
    Asimismo, pesa más una pequeña necedad
    que la sabiduría y la honra juntas.
² El corazón del sabio se inclina al bien,
    pero el del necio busca el mal.
³ Aun en el camino por el que va,
    el necio revela su falta de inteligencia
    y a todos va mostrando lo necio que es.
⁴ Si el ánimo del gobernante se exalta contra ti,
    no abandones tu puesto.
    La tranquilidad es el remedio para los grandes errores.

⁵ Hay un mal que he visto bajo el sol,
    semejante al error que cometen los gobernantes:
⁶ al necio se le dan muchos puestos elevados,
    pero a la gente valiosa se les dan los puestos más bajos.
⁷ He visto esclavos montar a caballo
    y príncipes andar a pie como esclavos. (9:17-10:7).

Comenzamos con la verdad evidente de los versículos 17-18a, con la que todos estaríamos de acuerdo. La verdad de 18b y 10:1 es, pues, igualmente obvia. "¡Siempre hay un tonto!", solemos decir, cuando algún estúpido –pensamos– echa a perder el buen trabajo de todos los demás. Tanta sabiduría y paciencia pueden verse arruinadas por una acción estúpida, por un necio, por una palabra hiriente o que rompa la confianza, o por un político embustero...

La derecha y la izquierda (vv. 2-3) son claros conceptos antitéticos duales que ilustran las "dos vías". Y necio es aquel que por costumbre se equivoca y muestra a todos lo necio que es, él o ella. Una vez más, todos podemos asentir con la cabeza. Pero puede ser que las cosas no estén tan claras en el mundo de la política. Incluso si el eslogan "Keep Calm and Carry on" (mantén la calma y sigue adelante) parece ser un buen consejo (v. 4), podemos acabar siendo gobernados por idiotas (vv. 5-6), y qué cierto suena eso en distintos países de nuestro mundo actual. Una mera reversión del sistema –quizás mediante una revolución– solo puede añadir más absurdo a la injusticia (v. 7). Y también hay ejemplos modernos de algo así.

Por tanto, puede que todos estemos de acuerdo en cuanto a los beneficios de la sabiduría popular. Pero cuando la estupidez llega a dominar las palancas clave de la vida, se ven cosas bastante extrañas que nadie quiere.

Los accidentes ocurren (10:8-15)

[8] El que cava la fosa, en ella se cae;
al que abre brecha en el muro, la serpiente lo muerde.
[9] El que pica piedra, con las piedras se hiere;
el que corta leña, podría lastimarse con ella.
[10] Si el hacha pierde su filo
y no se vuelve a afilar,
hay que golpear con más fuerza,
pero la sabiduría lleva al éxito.
[11] Si la serpiente muerde antes de ser encantada,
no hay ganancia para el encantador.
[12] Las palabras del sabio son placenteras,
pero los labios del necio son su ruina;
[13] sus primeras palabras son necedades
y las últimas, terribles locuras.
[14] ¡Pero no le faltan las palabras!
Nadie sabe lo que ha de suceder
y lo que acontecerá después,
¿quién podría decirlo?

> ¹⁵ El trabajo del necio tanto lo fatiga
> que ni el camino a la ciudad conoce. (10:8-15).

El versículo 8 es un proverbio tradicional que establece la ley de los "hechos y consecuencias". Cavar un hoyo es probablemente una metáfora de planear el mal. Abrir brecha significaba entrar en la casa de alguien para robar. Pero el proverbio advierte de que ambas acciones pueden rebotar en quien las comete acarreándole un desastre imprevisto. Hay alguna clase de castigo para quien comete el delito, incluso si no lo dicta un juez en el tribunal.

Pero los versículos que siguen parecen implicar que las malas consecuencias imprevistas no siguen solo a las *malas* acciones. Incluso haciendo trabajos ordinarios que son *buenos* y perfectamente legítimos (v. 9) pueden provocar lesiones accidentales absolutamente inmerecidas. Ni siquiera la experiencia, aunque sea buena para tener éxito, no necesariamente le salva a uno del daño; las cosas siempre pueden salir mal, a veces de manera fatal (vv. 10-11).

Los versículos 12-15 manifiestan buen sentido común, con un toque de humor en el versículo 15 –¡el necio ni siquiera es capaz de encontrar el camino de vuelta a casa! Pero en medio de esas conocidas observaciones proverbiales, de repente tenemos un destello del habitual realismo cáustico de Qohélet. La verdad es que no sabemos lo que nos espera para golpearnos en la siguiente curva –como una piedra o la cabeza de un hacha que vuelan hacia nosotros, v. 9– o lo que sucederá después de que nos hayamos ido (v. 14b). Así son las cosas. Supéralo.

El dinero también habla (10:16-20)

> ¹⁶ ¡Ay del país cuyo rey es un inmaduro
> y cuyos príncipes festejan desde temprano!

> ¹⁷ ¡Dichoso el país cuyo rey es un noble
> y cuyos príncipes comen cuando es debido,
> para reponerse y no para embriagarse!
> ¹⁸ Por causa del ocio se viene abajo el techo
> y por la pereza se desploma la casa.
> ¹⁹ Para divertirse se celebra un banquete,
> el vino alegra la vida
> y el dinero es la respuesta para todo.
> ²⁰ No maldigas al rey ni con el pensamiento,
> ni en tu cuarto maldigas al rico,
> pues las aves del cielo pueden correr la voz.
> Tienen alas y pueden divulgarlo. (10:16-20).

Estos versículos tratan principalmente de los beneficios de un gobierno sabio y honesto por parte de personas que se toman en serio sus responsabilidades (vv. 16-17). Si tienes la suerte de vivir en una sociedad con una cultura tan sana, puedes trabajar duro y evitar los peligros de la pereza (v. 18).

Pero a continuación, después de dos versos indiscutiblemente alegres en el versículo 19, viene el último verso: "el dinero es la respuesta para todo". A menos que sea solo un comentario inocente –que siempre es bueno tener algo de dinero a mano–, ¡lo más seguro es que sea una desfachatez sorprendente! Y encaja con las observaciones anteriores de Qohélet de que la corrupción está en todas partes. La gente que tiene el suficiente dinero puede conseguir lo que quiera. Todo el mundo tiene su precio. Sin duda, es una realidad en la política y en buena parte del resto de la vida.

¿Qué sentido, pues, tiene alabar a un gobierno bueno y sobrio (v. 17) y trabajar mucho y honestamente (v. 18), si, a fin de cuentas, son siempre los ricos quienes obtienen todos los beneficios (v. 19c)? Sigue siendo una pregunta muy relevante que muchos de nosotros nos hacemos con frustración, enfado y disgusto.

En un mundo como ese, pues, más vale que tengas cuidado con lo que hablas de los ricos y los poderosos. De hecho, ten cuidado incluso con lo que piensas de ellos, porque acabarán oyéndote y te lo harán pagar (v. 20). La enorme riqueza que "poseen" los oligarcas y los políticos no solo es tóxica para los procesos democráticos, sino que esos líderes pueden envenenar literalmente a quienes los denuncian y se oponen a ellos. Y el poder destructivo de algunos magnates de los medios es realmente aterrador para la gente común y corriente que provoca su ira.

Las inversiones suelen dar dividendos. Aunque quién sabe... (11:1-6)

11:1 Lanza tu pan sobre el agua;
 después de algún tiempo volverás a encontrarlo.
2 Comparte lo que tienes entre siete, y aun entre ocho,
 pues no sabes qué calamidad pueda venir sobre la tierra.
3 Cuando las nubes están cargadas,
 derraman su lluvia sobre la tierra.
 Si el árbol cae hacia el sur,
 o cae hacia el norte, donde cae allí se queda.
4 Quien vigila al viento no siembra;
 quien contempla las nubes no cosecha.
5 Así como no sabes por dónde va el viento
 ni cómo se forma el niño en el vientre de la madre,
 tampoco entiendes la obra de Dios,
 el Creador de todas las cosas.
6 Siembra tu semilla en la mañana
 y no te des reposo por la tarde,
 pues nunca sabes cuál siembra saldrá mejor,
 si esta o aquella,
 o si ambas serán igualmente buenas. (11:1-6).

Estos versos son muy conocidos, muy apreciados por los empresarios. De hecho[33], mi amigo Pieter Kwant, durante muchos años director de programas de Langham Literature y editor,

---

[33] Así la mayoría de las versiones castellanas, aunque alguna traduce "echa tu pan a navegar" (BLP y BLPH). N. T.

dice que están entre sus palabras favoritas de las Escrituras. El versículo 1, tal como lo traduce la NVI, es casi seguro que sea una metáfora del comercio marítimo, ya que el original "echa tu pan sobre las aguas" suena como alimentar a los patos en un estanque. La idea es: haz tus inversiones, asume los riesgos que implican, diversifica si puedes (v. 2a), y al final deberías obtener un buen rendimiento. Hasta aquí, todo bien.

Pero a continuación el resto del fragmento presenta una serie de imágenes de lo aleatoria e imprevisible que es la vida en general. Hay algunas cosas de las que puedes estar seguro, como las nubes y la lluvia (v. 3a), pero hay otras cosas que sencillamente no puedes saber con certeza, como cuándo puede ocurrir un desastre (v. 2b), como tampoco puedes saber cuándo y dónde caerá un árbol o cómo y de dónde soplará el viento, etc. (vv. 3b-4).

Eso lleva a Qohélet a colocar en el versículo 5 una importante base teológica para su sección final. Ya ha demostrado sin duda alguna a lo largo del libro que nuestro conocimiento humano tiene límites, y lo ilustra una vez más con el viento, del que ignoramos el camino que sigue, o de cómo una criatura crece en el vientre de su madre (v. 5a; recordemos que escribía antes de los avances de la ciencia meteorológica y de la medicina obstétrica). Ambos son hechos maravillosos sobre la creación: el viento sopla y los niños nacen sin importar lo mucho o poco que entendamos de cualquiera de los procesos que los originan. Pero ahora quiere dejar claro que precisamente esas cosas que *nosotros* no podemos entender –incluidas su aleatoriedad e imprevisibilidad– están todas en manos de *Dios*. Son parte de "la obra de Dios", ese Dios que es "el Hacedor de todas las cosas" (v. 5b).

Es algo grandioso y positivo que hay que decir. El mundo entero, la vida, el universo y todo tiene su origen en Dios. Así que, aun si los propósitos últimos de Dios están ocultos a *nuestro* entendimiento, podemos confiar en que Dios está de alguna manera ahí, presente, involucrado. Y con la seguridad que da tal confianza, podemos lanzarnos a la vida y al trabajo tal como Qohélet los defiende. Y con todo, aunque tal cosa fomenta la fe activa, es evidente que no elimina los problemas a los que se ha enfrentado a lo largo del libro. Sigue habiendo una buena parte de "la obra de Dios" que es desconcertante e incomprensible: *hebel*, en una palabra.

Sin embargo, la sólida perspectiva fundamental del versículo 5 –la convicción de que incluso lo que *nosotros* no podemos entender puede ser obra de *Dios*– significa que podemos convertir las cosas imprevisibles de la vida no en bloqueo, sino en oportunidades (v. 6). Así que vive la aventura de la vida. No te detengas. Se activo, atrevido y ocúpate. Haz tus inversiones, "siembra tu semilla". No sabes si esto o aquello tendrá éxito, o quizás ambas cosas, o ninguna, pero hazlo de todos modos.

Es evidente que Qohélet ha pasado en cierto modo del fatalismo nihilista de sus reflexiones anteriores sobre la incertidumbre del futuro a un posibilismo más sólido. Mientras que en su estado de ánimo anterior pensaba: "No sabemos qué pasará, así que no vale la pena hacer *nada*". Ahora nos anima diciendo: "No sabemos qué pasará, pero sigamos adelante y hagamos *algo*".

Y como ya hemos dicho antes, también hay un tipo correcto de posibilismo y pragmatismo cristiano (Lc 12:35-48; 1 Cor 3:5-15; Ef 5:16; 2 Tm 4:2).

La idea final aquí es notar el claro lenguaje creacionista del versículo 5. Dios es "el Hacedor de todas las cosas". Es un reflejo de 7:29, que Dios hizo "bien" todas las cosas, incluidos nosotros mismos. Así que el problema está en nosotros, no en Dios. El único lugar adonde recurrir, en definitiva, es a Dios, que es lo que a continuación y finalmente hace Qohélet.

"DOS MANERAS DE VIVIR": ALÉGRATE Y ACUÉRDATE. ¡POR SUPUESTO QUE SÍ! (11:7–12:7)

Por fin llegamos a las últimas palabras de Qohélet, nos dice el narrador. Es un clímax digno, en el que parece estar haciendo un último gran esfuerzo para tender un puente entre los dos polos opuestos de su investigación: sus momentos de "reafirmación de vida" –este será el séptimo– y los "absurdos", los *hebel*. El puente lo tiende en torno a dos verbos: ¡*alégrate*! y ¡*acuérdate*! Tales imperativos dinámicos nos brindan una "forma de vivir" más poderosa y centrada en Dios que la dicotomía meramente conceptual entre la sabiduría y la necedad que ha analizado hasta aquí.

Veamos primero lo que parece una forma razonable de entender la estructura de lo que sigue, no es que Qohélet sea muy bueno en cuanto a estructura, pero al menos nos permite discernir algunas palabras clave que rigen en porciones sustanciales del contenido.

> [7] Grata es la luz, y
> ¡qué bueno que los ojos disfruten del sol!
> [8] Mas si el hombre vive muchos años,
> y todos ellos los disfruta,
> debe recordar que los días tenebrosos
> serán muchos
> y que lo venidero será vanidad. (11:7-8).

Comienza defendiendo claramente la vida (v. 7), sentimiento con el que todos podemos estar de acuerdo.

A continuación, siguen dos instrucciones fundamentales: *disfrutar* (v. 8a) y *recordar* (v. 8b). Estos dos verbos dominan las secciones restantes.

- "Disfrutar/gozar" rige 11:9-10.
- "Recordar/acordarse" rige 12:1-7.

Lo cual nos proporciona un marco para mantener unidas de algún modo tanto la verdad de lo que ha observado como la verdad de lo que su fe sostiene. La vida está ahí para disfrutarla, pero al hacerlo, hay cosas importantes que recordar.

Disfruta de la vida, pero sé responsable (11:9-10)

⁹ Alégrate, joven, en tu juventud;
deja que tu corazón disfrute de la adolescencia.
Sigue los impulsos de tu corazón
y responde al estímulo de tus ojos,
pero toma en cuenta que Dios
te juzgará por todo esto.
¹⁰ Aleja de tu corazón el enojo,
aparta de tu cuerpo la maldad,
porque juventud y vigor son pasajeros. (11:9-10).

Este es el séptimo y último texto donde Qohélet reafirma la vida y es abiertamente positivo incluso si está teñido de una cierta perspectiva sombría (v. 8b). La vida hay que vivirla con alegría y siguiendo lo que nuestro corazón nos impulsa a hacer (v. 9a). Pero esto no es una excusa para la permisividad, sino un reconocimiento de nuestros dones, talentos, vocación y preferencias individuales. Sigue a tu corazón. ¡Ve a por lo que amas!

No te dejes vencer por el pesimismo y la ansiedad (v. 10). Parece que se estuviera predicando a sí mismo, ¡pues muchas de esas cosas las ha estado haciendo durante su viaje! Al final, la juventud y la fuerza son complicadas en sí mismas pues son transitorias y, a veces, motivo de lamentaciones en la vejez. Pero mientras *seas* joven, disfruta de todas las bendiciones que trae y las oportunidades que te brinda la juventud. La juventud es un "tiempo", otro elemento a sumar a su lista de "tiempos" de su poema en 3:1-8, y en el sentido allí indicado. Es un tiempo "para" algo, algo valioso, aunque no sea permanente ni un fin en sí mismo. Hay que valorar la juventud, pero no idolatrarla con un vano "culto a la eterna juventud". Cuando la idolatramos la convertimos en "vanidad".

Así que, la mayoría de estos versículos reflejan el consejo dado a los jóvenes según la sabiduría tradicional, como vemos repetidamente en Proverbios 1–9. Pero a continuación, de esa manera tan propia suya, Qohélet introduce una consideración aleccionadora. Cuando disfrutes así de la vida debes saber que eres responsable delante de Dios (v. 9b). El juicio de Dios nos espera. Hemos de estar preparados.

Esta idea es fundamental, y es esencial que Qohélet la proclame antes de concluir su discurso. Porque aquí reafirma lo que ciertos textos anteriores han puesto en duda. ¿Recuerdas sus negras reflexiones en 9:1-3? ¿Realmente importa cómo vivimos? ¿Hay alguna diferencia al final en vivir sabia, religiosa o moralmente? ¿Habrá al final alguna distinción entre los justos y los injustos? ¿Se hará justicia al final? En esos textos, Qohélet dejaba esas preguntas flotando en el aire, encogiéndose de hombros y con un "nadie lo sabe".

Pero ahora reafirma su convicción de fe: *Claro que sí, Dios será el juez final, y toda nuestra vida, trabajo y disfrute han de vivirse a la luz de esa verdad.*

Sin embargo, no debemos tomárnoslo en forma negativa. Qohélet no recupera aquí su antiguo escepticismo. No se trata ahora de "aguarnos la fiesta". No se está burlando del joven: "Vamos, diviértete ahora, muchacho, que ya lo pagarás más tarde...". Claro que no, sencillamente está pidiéndole que viva la vida a tope, disfrutando al máximo de cada momento del presente, pero viviendo con la mirada puesta en la realidad de la presencia de Dios aquí, ahora y en el futuro último, incluso más allá de la muerte. Dios es el auditor y juez final. Vive la vida en la presencia de Dios. No se trata de arruinar nuestras vidas, sino de estabilizarlas, enriquecerlas y ennoblecerlas.

Y una vez más, podemos decir que esta nota de alegría sincera en la vida y el trabajo, vivida con plena conciencia de Dios, es coherente también con las enseñanzas del Nuevo Testamento (Flp 4:4-8; Col 3:17 [probablemente reflejando Ecl 9:10], 23; 1 Ts 5:16-19).

Acuérdate de la historia en la que estás: el principio y el final (12:1-7)

^{12:1} Acuérdate de tu Creador
en los días de tu juventud,
antes de que lleguen los días malos
y vengan los años en que digas:
«No encuentro en ellos placer alguno»;
² antes de que dejen de brillar
el sol y la luz, la luna y las estrellas,
y vuelvan las nubes después de la lluvia.
³ Un día temblarán los guardianes de la casa
y los fuertes caminarán encorvados;
se detendrán las que muelen por ser pocas,
y verán borrosos los que miran por las ventanas.
⁴ Se irán cerrando las puertas de la calle,
irá disminuyendo el ruido del molino;
las aves elevarán su canto,
pero apagados se oirán sus trinos.
⁵ Sobrevendrá el temor por las alturas
y por los peligros del camino.
Florecerá el almendro,
la langosta resultará onerosa
y se perderá el deseo,
pues el hombre se encamina al hogar eterno
y rondan ya en la calle los que lloran su muerte.
⁶ Acuérdate de tu Creador
antes de que se rompa el cordón de plata

y se quiebre la vasija de oro,
y se estrelle el cántaro contra la fuente
y se rompa la polea del pozo.
⁷ Volverá entonces el polvo a la tierra,
como antes fue
y el espíritu volverá a Dios,
que es quien lo dio.

¡"Acuérdate de tu Creador en los días de tu juventud" (v. 1a) no sirve de excusa para no obedecer la orden a quienes están en una etapa posterior de la vida! Pero el propio Qohélet parece haberse olvidado de su Creador en determinados momentos en los días de su vejez. Con todo, la cuestión es que es mejor dejarse moldear por ese "recordatorio" cuando todavía puede dirigir y dar forma a nuestras vidas siendo jóvenes.

Pero ¿qué quiere decir "acordarnos" de nuestro Creador?

Para el Israel del Antiguo Testamento, recordar era mucho más que una mera evocación mental. Era un acto de lealtad al pacto que exigía obediencia. Es una palabra y un mandato muy firmes en Deuteronomio, Deuteronomio 8, por ejemplo. El narrador hace una aplicación más explícita de este asunto en el versículo 13.

Recordar, para Israel, especialmente a la luz de la Torá –los primeros cinco libros de la Biblia–, incluía como mínimo las siguientes grandes verdades bíblicas:

- *Creación*: la dimensión de la obra de Dios supera nuestra comprensión, pero está ahí y es buena, como lo sabe Qohélet (3:11; 8:17).
- *Caída*: nuestra propia impiedad ha echado a perder lo que Dios hizo recto (7:29).
- *Abraham*: la elección y promesa de Dios, el origen de Israel y la esperanza para las naciones.
- *Éxodo*: el amor y el poder redentor de Dios.

- *Sinaí*: el pacto, la ley y la presencia de Dios en medio de ellos en el tabernáculo.

Merece la pena señalar que Qohélet, como los demás autores de la literatura sapiencial, no menciona los últimos tres de esos grandes momentos de la historia de Israel. Pero no podía ignorarlos. Se presentó como si fuera hijo de David, rey de Israel en Jerusalén (1:1, 12). Por tanto, el Dios del que dice que hemos de acordarnos como nuestro Creador solo puede ser Yahvé, el Dios que él conoció como el Poderoso de Israel, el Dios de Abraham, Moisés, David y los profetas. Tenía que conocer de qué relato formaba parte. Pero por alguna razón que se nos escapa, decidió obviarlo en su investigación por comprender el significado de la vida a través de su propia sabiduría, observación y experimentación. Volveremos a esta cuestión en nuestra conclusión.

No obstante, en 12:1 nos lleva de vuelta al principio –Dios el Creador–, así como en 11:9b nos encamina hacia el fin, Dios el Juez. Es consciente de que toda la vida en la tierra, incluida su propia y frustrante búsqueda de la vida, se vive dentro de la historia enmarcada por Dios entre *ambos extremos*. Estamos en el mundo que comenzó con la creación de Dios. Ese es el pasado conocido. Y estamos en el mundo que terminará con el juicio de Dios. Ese es el futuro último conocido. Y dentro de ese marco, somos llamados a confiar en Dios en cuanto al penúltimo futuro aún desconocido. *Pasado y futuro pertenecen a Dios*. Lo mejor que podemos hacer, pues, en el presente ha de ser que nos acordemos de Dios, que confiemos en él como nuestro Creador y Juez y –como añade el narrador– obedezcamos su palabra (v. 13).

Dicho de otro modo, parece que Qohélet finalmente ha decidido que la vida hay que vivirla dentro de *la verdad y la tensión* de Génesis 1-3, incluso si su decisión no es perseverar más como parte de la gran historia de su pueblo. Acepta la doble realidad de una creación que es buena y la terrible quiebra provocada por el pecado humano. Así que simplemente tenemos que vivir la Gran Afirmación –la bondad de la vida, el trabajo, el matrimonio, la comida, la bebida, la satisfacción– en medio del Gran Enigma –las incógnitas, las complicaciones, los males, los absurdos de este mundo.

Es un conflicto, claro que sí. Pero si tenemos los fundamentos de la fe desde el principio, acordándonos de nuestro Creador, en el sentido más pleno de confiar y obedecerle, entonces es un conflicto con el que podremos vivir sin negar que el conflicto existe ni pretender que tenemos todas las respuestas. El estribillo del *hebel* no ha desaparecido, como tristemente nos recuerda el narrador en el versículo 8. Pero, aunque ahora tenemos que vivir en un mundo donde hay tantas cosas que no entendemos, podemos entender por fe que es el mundo que Dios creó y que al final arreglará.

Llegamos entonces al poema final de Qohélet, que sigue a lo largo de los versículos 2 al 7. Se trata de una serie de imágenes inquietantes, que la mayoría de los comentaristas leen como una alegoría de la vejez avanzada y finalmente de la muerte (v. 7). Es, pues, una advertencia personal: construye tu vida "acordándote" de Dios antes de que sea demasiado tarde, es decir, antes de morir.

El versículo 7 nos recuerda Génesis 2:7, con su doble referencia al polvo y al aliento, o espíritu.

> Y Dios el Señor formó al ser humano del polvo del suelo; entonces sopló en su nariz aliento de vida y el hombre se convirtió en un ser viviente.

Aunque también nos recuerda Génesis 3:19, la palabra de juicio de Dios sobre el polvo de la muerte:

> Te ganarás el pan con el sudor de tu frente,
>   hasta que vuelvas a la misma tierra

de la cual fuiste sacado.
Porque polvo eres
y al polvo volverás.

Realmente somos criaturas de polvo, pero polvo al que el espíritu vivificante de Dios le ha dado vida. Si bien eso es cierto para todos los seres vivientes que tienen aliento de vida en ellos –como afirma Génesis [1:24, 30; 6:17; 7:15-16, 22-23] y repite el Salmo 104:29-30–, Qohélet asume que es el espíritu de la persona humana el que de alguna manera lleva su identidad personal e historia a Dios cuando el polvo vuelve a la tierra. Esto al menos corrige su sombría ambivalencia de 3:19-21. Porque si no hubiera alguna realidad o "medio" por el cual nos enfrentaremos personalmente a Dios después de la muerte, ¿para qué mencionar la perspectiva del juicio de Dios, como lo hace en 11:9 y 3:17?[34]

Creo que esta interpretación personal de 12:1-7 –como ilustración de la vejez y la muerte– es la más probable. Aunque hay quienes sugieren que el poema puede ilustrar la catástrofe que se avecina bajo la mano del juicio de Dios sobre toda maldad. Algunas de las metáforas reflejan la clase de desastres que acompañan a una invasión militar o las consecuencias del asedio y destrucción de una ciudad. Algunas de ellas son como los cuadros que los profetas pintan del juicio de Dios cuando hablan del día del Señor. En ese caso, la advertencia para la humanidad sería: arréglate con Dios antes de que su juicio devastador caiga sobre el mundo entero. Puede ser, pero, prefiero la primera interpretación, más personal.

---

[34] A menos que uno suponga que cuando Qohélet dice que Dios juzgará todas las cosas se refiere solo al lapso de tiempo de la vida terrenal de la persona. Pero esa es una suposición *a priori*. Me parece que el autor de Eclesiastés confió en el gobierno soberano de Dios más allá del horizonte de la muerte personal, sin tener una teología elaborada del "cómo" o "dónde".

De cualquier modo, este poema final coloca nuestra vida entre los dos polos del principio –la creación– y el final –la muerte y el juicio final de Dios. En cualquier caso, Dios simplemente está "ahí", como autor y consumador de la historia, el Alfa y la Omega. "Acuérdate de tu Creador", entonces, significa *tanto* estar preparados para la muerte personal –aun en medio de una vida activa, alegre, venturosa y llena de trabajo– *como* estar preparados para el juicio cósmico. Qohélet no puede decirnos cómo será esto último, incluso si fuera eso es lo que está insinuando. Solo el Nuevo Testamento proporcionará una respuesta definitiva.

El fragmento final de la investigación de Qohélet comienza, pues, con Dios (12:1) y termina con la vuelta a Dios (12:7), lo que en sí mismo es un notable punto de inflexión o el punto final de su investigación.

Parece que finalmente Qohélet ha dejado de imaginar que puede discernir el significado y el sentido de la vida solo con su propia sabiduría y estudio. No se puede hacer y lo ha descubierto por las malas. De hecho, cuando pensamos en la fuerza con la que Deuteronomio recalca que debemos "acordarnos" de Dios, el intento de Cohélet de construir su cosmovisión basándose tan solo en la razón y la sabiduría podría considerarse una especie de "olvido". Había estado olvidando las grandes verdades de la Torá y, de hecho, olvidando el latido mismo de su propia tradición sapiencial –el temor del Señor– que el narrador volverá a situar en escena en el versículo 13.

Pero ahora, al final de su camino, Qohélet se sitúa por fin en el marco de la fe bíblica esencial, una historia que tuvo su comienzo y tendrá su final. La vida no es un simple círculo vicioso sin sentido, como podría parecer que sugiere su poema inicial. Por el contrario, la vida se sitúa dentro de la cosmovisión bíblica narrativa en la que Dios es el principio, el centro y el fin. Por tanto, debemos recordar, confiar y obedecer al Dios de la historia, *aunque* gran parte de la vida siga siendo desconcertante. Todavía vivimos en un mundo plagado de *hebel* (v. 8). Pero vivimos en él siendo conscientes de que Dios nos acompaña y tiene el pasado y el futuro en sus manos y, por tanto, podemos confiar en su difuso presente.

LA ÚLTIMA PALABRA DEL NARRADOR (12:8-14)

⁸ Vanidad de vanidades,
¡todo es vanidad!
—dice el Maestro.
⁹ Además de ser sabio, el Maestro impartió conocimientos a la gente. Ponderó, investigó y ordenó muchísimos proverbios.
¹⁰ Procuró también hallar las palabras más adecuadas y escribirlas con honradez y veracidad.
¹¹ Las palabras de los sabios son como aguijones. Como clavos bien puestos son sus colecciones de dichos, dados por un solo pastor. ¹² Además de ellas, hijo mío, ten presente que el hacer muchos libros es algo interminable y que el mucho leer causa fatiga.
¹³ El fin de este asunto
es que ya se ha escuchado todo.
Teme a Dios y cumple sus mandamientos,
porque esto es todo para el hombre.
¹⁴ Pues Dios juzgará toda obra,
buena o mala,
aun la realizada en secreto.

Probablemente sea mejor tomar el versículo 8 como el comienzo del epílogo final del Narrador Marco, en lugar de añadirlo al poema de los versículos 1 al 7 y luego insertar el título "La conclusión del asunto" antes del versículo 9, como hace la NVI. Parece claro que el versículo 8 repite 1:2 y juntos forman los "sujetalibros" para el informe del Narrador sobre los dichos de Qohélet. Es su manera de decir: "Aquí es donde finalizo mi relato del viaje de Qohélet. Ahora permítanme compartir mis propios pensamientos finales". Observemos que repite las palabras "dice el Maestro", con las que presentó a Qohélet en 1:2 y recordó al lector en 7:27.

El versículo 8, entonces, es la voz del narrador resumiendo una vez más el tema general de las reflexiones de Qohélet. No es la conclusión final del propio narrador sobre el libro en su conjunto –pues que el texto que lo enmarca proporciona algunas afirmaciones sólidas en contrario– sino más bien el marco de toda la investigación de Qohélet. "Esto es lo que dijo Qohélet, y hemos escuchado la historia de su búsqueda. Así que ahora se despide".

Pero, aunque parece que Qohélet ha llegado a un "lugar mejor" en su pensamiento –como sugerimos en nuestra interpretación de 11:1–12:7–, ¡el desconcertante enigma de *hebel* sigue estando ahí! Es muy importante reconocerlo y aceptarlo.

La fe en el Dios de la Biblia no es simplemente vivir en un negacionismo alegre y generalizado, como si no sucedieran cosas malas, y también cosas estúpidas, cosas que nos vuelven locos, cosas que nos llenan de enfado o de pena. ¡Es cierto que lo hacen! Nos rodean por todas partes en este mundo. Y es posible que nunca entendamos por qué. Hay cosas sobre el tiempo y la eternidad, sobre el universo y los caminos de Dios y la humanidad, que siempre pueden permanecer fuera de nuestro alcance, con algunas de las cuales traté de luchar en *The God I Don't Understand* (El Dios que no entiendo).

Pero la fe –incluso la fe en conflicto de un Qohélet– enfrenta decisiva y deliberadamente todo ese enigma –*aparente sinsentido*– y lo ve envuelto y contenido con seguridad dentro de un *significado más amplio*, a saber, la historia bíblica de Dios, Creador y Juez. Y esa es la nota con la que el narrador quiere terminar el libro. Parece como si el narrador quisiera decir dos cosas: (1) *Qohélet ha dicho la verdad,* pero (2) *no toda la verdad.*

Tenía razón en un aspecto, pero hay que decir algo más para equilibrar la escena. Miremos ambos lados.

¡Qohélet tenía razón! La vida es desconcertante (12:9-12)

El narrador hace un hatillo con todo lo dicho. Ha dado un informe completo de la investigación de Qohélet y le ha dejado hablar por sí mismo. Ahora, en los versículos 9 y 10, nos da lo que parece un cuadro atractivo y elogioso de lo que Qohélet estaba tratando de hacer. Reconoce su inmenso conflicto intelectual y su esfuerzo sistemático. Qohélet "ponderó, investigó y ordenó...". Suena casi rigurosamente científico. Y además, como un concienzudo maestro, "también impartió conocimientos a la gente", y lo hizo esforzándose mucho para "hallar las palabras más adecuadas". A cierto nivel, el narrador externo está de acuerdo con la observación de Qohélet: que la vida en esta tierra está llena de cosas desconcertantes y aparentemente absurdas. Vivimos en un mundo que no podemos entender en su plenitud. El *hebel* es una dimensión innegable de nuestra existencia humana.

Y es más, añade, procuró "escribirlas con honradez y veracidad", lo cual suena muy positivo y lo es, pero recordemos que Dios dijo que Job era justo y hablaba la verdad (Job 1:8; 2:3; 42:7-8), aunque en el curso de sus discursos Job reaccionó con algunos arrebatos y acusaciones sorprendentes y fuera de tono. Quizás sea por eso que el narrador añade las metáforas un tanto ambiguas del versículo 11, que han sido entendidas de diversas maneras.

Las "palabras de los sabios", obviamente incluyen las palabras del propio Qohélet. ¿En qué sentido, pues, tales palabras son "como aguijones"? Creo que es la manera que el narrador utiliza para advertirnos, como lo ha hecho antes en varios pasajes, de que no podemos sencillamente tomar todo lo que dice Qohélet al pie de la letra. Como en el libro de Job, tenemos el registro de lo que la gente habló —tanto Job como sus amigos—, pero no todo lo que dijeron en el fragor del diálogo se ve reafirmado o respaldado por el libro en su conjunto. Pueden tener razón en algunos aspectos y estar equivocados en otros. De esa misma manera, Qohélet, como una pica en la punta de un palo que impulsa a un animal a moverse, ha estado aguijoneando, atizando y pinchando a sus oyentes o lectores con observaciones chocantes, perspectivas contradictorias y preguntas retóricas, creando tensiones y brechas que nos desafían a resolverlas o superarlas. A veces parece provocarnos diciendo: "Así que dices que crees tal cosa. ¿Vale, pero has pensado en esto otro?". Nos obliga a echar nuestra fe al horno de la realidad y ver si emerge, humillada, aunque aún intacta.

Pero ¿qué son esos "clavos bien puestos"? Parece una metáfora más positiva, que sugiere algo así como una fuerza en la que se puede confiar, una estructura en la que te puedes apoyar con seguridad o quizás unos ganchos en los que puedes colgar cosas de forma segura. Así que las "palabras" pueden ser como aguijones —que te impulsan a pensar con más profundidad—, mientras que las "colecciones de dichos" en su conjunto pueden ser como clavos bien puestos —que te proporcionan algo de lo que puedes depender.

En cualquier caso, es casi seguro que "un solo pastor" se refiere a Dios —no a Qohélet. Parece, pues, que el narrador está diciendo que debemos prestar atención a este libro en su conjunto —sus "colecciones de dichos"— como si su fuente fuera Dios. Aun siendo desconcertante y enigmático, e incluso —como el libro de Job— incluyendo declaraciones que el libro en general corrige, nos llega como Escritura dada por Dios.

La advertencia del versículo 12 puede ser simplemente su forma de decirles a los lectores que no se desvíen en busca de las demás filosofías que se encuentran en otros libros. Sería una búsqueda interminable y agotadora.

Pero la victoria es de la fe (12:13-14)

Y así, hasta los dos últimos versículos del libro. El narrador externo ha estado de acuerdo con Qohélet en que la vida *es* desconcertante y enigmática (v. 8). Hay muchas cosas que nos chocan y nos perturban, tanto en lo que observamos en el mundo en general como en lo que bien puede afectar nuestra propia experiencia personal.

Pero al final, se nos invita a regresar a los fundamentos de nuestra fe. Es el mismo fundamento de toda la sabiduría de la Biblia: temer a Dios y obedecer sus mandamientos (v. 13). No es solo un eco de Proverbios, es una declaración resumida de la teología de Deuteronomio, universalizada para "toda la humanidad".

De hecho, el alcance y significado potencial del verso final del versículo 13 es importante. En la NIV en inglés, las palabras "the duty" (el deber) se han añadido para ayudar a darle algún sentido al hebreo, que es simplemente, "porque esto [*es decir, temer a Dios y guardar sus mandamientos*] es todo el ser humano ('*adam*)".[35] Si la larga investigación de Qohélet pudiera interpretarse como un intento de descubrir lo que realmente significa ser humano, entonces aquí estaría en cuatro palabras su respuesta final. Esto es ser "hombre". No es solo que sea nuestro "deber", sino que es nuestra propia identidad. La esencia de la vida humana se encuentra en esa relación con Dios que tiene toda la riqueza relacional, ética, de pacto, personal y emocional que el resto de las Escrituras atribuye al "temor de Dios".

Entonces es cierto, tenemos permiso para pensar, cuestionar, debatir, discutir, reflexionar, quejarnos. Ese es uno de los grandes regalos de la literatura sapiencial, junto con los salmos de lamentación. Dios *permite* la pregunta desafiante, la

---

[35] La NVI en castellano traduce, "esto es todo para el hombre". La NTV sigue a la NIV, "ese es el deber que tenemos todos". N. T.

protesta agónica, el desconcierto sincero. ¡Hasta coloca a Qohélet en su palabra inspirada! Dios tiene un pecho lo suficientemente grande para que podamos golpear en él y un hombro lo suficientemente grande sobre el que llorar.

No obstante, la tradición sapiencial está del lado de los salmistas y los profetas al insistir en que cuando alzamos la voz de esa manera, no alcemos también los puños en señal de desafío, de incredulidad o de desobediencia. No, elevamos nuestras preguntas y nuestras incógnitas con los brazos de la fe en el Dios vivo. "Tememos" y "guardamos", porque esa es nuestra identidad, responsabilidad y privilegio humanos desde que fuimos creados.

Por último, en su versículo final, el narrador declara su aceptación y reafirmación de una de las cosas más importantes a las que Qohélet logró aferrarse: la certeza del juicio de Dios (v. 14; cf. 3:17 y 11:9b). Nada escapa de la vista de Dios. Todo aquello que pueda estar "oculto", ya sea por el pecado secreto de los seres humanos o porque nos es inescrutable, no es oculto para Dios. No hay una alfombra cósmica bajo la cual la suciedad de la historia pueda ser barrida impunemente. Al final, el Juez de toda la tierra hará lo correcto (Gn 18:25) *y también arreglará todas las cosas.*

Y esta gran verdad final solo es negativa para quienes persisten en no arrepentirse ni cambiar una vida en la que "cada uno de sus actos" es "malo". Es una verdad gloriosamente *positiva* para todos los que anhelan que prevalezcan la verdad, la justicia y la bondad y que mientras tanto viven según el versículo 13. En ese sentido, el *mishpat* hebreo ("juicio") en el último versículo del libro puede tener el sentido positivo de una acción que trae consigo la ansiada rectificación, arreglar las cosas.

Ese último versículo de Eclesiastés (12:14) es de hecho una dimensión esencial del evangelio bíblico. Porque en verdad es una *buena noticia* que el mal no tendrá la última palabra en el universo de Dios, que los malhechores no "se saldrán con la suya" para siempre. Este versículo nos muestra el penúltimo acto del gran drama de las Escrituras: el juicio final (Ap 18-20), cuando todo mal será juzgado y eliminado. Es la rectificación divina final, más allá de toda justicia humana, cuando Dios mismo venga a arreglar todas las cosas: el clímax cósmico que toda la creación se regocija en anticipar (Sal 96:10-13; Rm 8:19-21). Después, Dios hará nuevas todas las cosas (Ap 21).

Ni Qohélet ni su narrador pudieron vislumbrar esa futura nueva creación en la que no habrá más *hebel*, pero es hacia donde finalmente apunta el verso final del libro.

PREGUNTAS PARA LA REFLEXIÓN Y EL DEBATE

1. En nuestra evangelización, ¿somos demasiado simplistas en las seguridades y promesas que hacemos a las personas sin reconocer las cosas impredecibles de la vida, de las cuales los creyentes no están exentos (10:1–11:6)? ¿Cómo lo hacemos?
2. ¿Cómo nos parecería vivir como cristianos en el mundo pudiendo disfrutar de la vida de manera responsable (11:8-9) a la vez que también recordamos y compartimos la historia de la que formamos parte (12:1-7)? ¿Qué imagen de Dios ofrecería tal manera de vivir al mundo que nos mira?
3. El libro de Eclesiastés, y especialmente su final, nos desafía a *aceptar y vivir con* la tensión entre lo que creemos firmemente (p. ej., 12:13-14) y lo que vemos y experimentamos en el mundo (p. ej., 12:8). ¿De qué manera esto es importante?
    - *Pastoralmente*: ¿Cómo nos ayuda a ser más sensibles y menos simplistas con los demás en sus luchas reales?
    - *Evangelísticamente*: ¿Cómo nos ayuda ser "realistas" y responder a las preguntas que la gente nos hace, que muchas veces son las mismas que hace Eclesiastés?
    - *Personalmente*: ¿Cómo ha afectado este estudio tu propia fe en medio del camino de la vida?

CONCLUSIÓN

Eclesiastés a la luz de la gran historia de la Biblia

Antes de dejar Eclesiastés, tenemos que hacer una cosa más, algo que ya dejamos entrever en nuestro último capítulo. Tenemos que levantar la vista del texto de Eclesiastés y ver el libro a la luz del resto de la Biblia. Naturalmente, esto hay que hacerlo con cada parte de las Escrituras, pero es especialmente importante en un libro tan complicado como este.

Por un lado, podemos mirar retrospectivamente en el gran compendio de las Escrituras del Antiguo Testamento y considerar algunas de las verdades ya reveladas allí, que Qohélet tendría que conocer y recordar por ser israelita. Por otro lado, además, podemos mirar hacia adelante a lo largo de la gran historia bíblica que conduce al Nuevo Testamento y considerar los grandes acontecimientos que él no podía conocer pero que, en definitiva, transforman todo el panorama de sus conflictos.

LO QUE DEBERÍA HABER RECORDADO

Siendo israelita, Qohélet debería ser conocedor de las Escrituras. Naturalmente, no podemos ser dogmáticos sobre cuánto de lo que ahora llamamos Antiguo Testamento serían Escrituras canónicas en su tiempo o hasta qué punto las habría escuchado o leído personalmente. Pero si asumimos lo que la mayoría de los eruditos supone, que Eclesiastés es uno de los últimos textos sapienciales, es muy probable entonces que los libros de la Torá, junto con algunos rollos de los profetas y parte de la adoración de los Salmos, hubieran estado a su disposición.

Por tanto, podría haber reforzado su fe partiendo de las promesas de Dios, como las que Dios dio a Adán y Eva (Gn 3:15), o a Noé (Gn 9:1-15), y sobre todo a Abraham (12:1-3). Estas promesas no habrían respondido a todas sus preguntas ni eliminado todo el *hebel* que él observaba a su alrededor, pero le habrían dado seguridad acerca de la intención final de Dios de vencer el mal surgido de Génesis 3 y traer bendición sobre la creación y sobre las naciones. Qohélet se siente seguro en su convicción acerca del justo juicio final de Dios, pero no parece encontrar allí mucha esperanza redentora.

Y podría haber llevado su investigación individual junto con algunos salmistas, quienes tantas veces se lamentan de los mismos males e injusticias de nuestro mundo. Porque ellos, después de poner estas cosas muy abiertamente en la presencia de Dios y presentarle sus quejas, por lo general ven su fe y su alabanza restauradas de algún modo, al menos anticipando el futuro. Me encantaría sentarme con Qohélet y leer con él el Salmo 16, o el Salmo 37 –que seguramente proviene de la misma tradición sapiencial, aunque Qohélet podría decirle al escritor del versículo 25 que él esperaba más–, o el Salmo 73. ¡Quizás sea este un buen consejo que cualquier lector de Eclesiastés que se encuentre deprimido debería seguir lo antes posible tras terminar el libro!

Así que, como es el caso con el resto de los libros sapienciales del Antiguo Testamento, hemos de leerlo a la luz de todo el canon del Antiguo Testamento restante. Como dice el narrador, lo que dicen estos maestros de sabiduría es *verdad*, pero de ninguna manera dicen *toda* la verdad, y hay una enorme diferencia. Para conocer toda esa verdad necesitamos el resto de la historia y la revelación más completa de las otras Escrituras.

LO QUE ÉL NO PODÍA SABER, PERO NOSOTROS SÍ SABEMOS

No sabía nada de la encarnación

En cierto sentido, cuando leemos Eclesiastés, parece que Dios está bastante distante. Claro que él está allí, siempre. Qohélet no es ateo. Pero, aunque Dios ha creado y ordenado el mundo bajo su soberanía –incluso todo su desconcertante *hebel*–, no parece estar muy activamente involucrado en el quehacer humano en el mundo. Se siente como si Qohélet estuviera retando a Dios a bajar y ver con más detalle el desastre en el que tenemos que vivir. Incluso si gran parte de ello es culpa nuestra sigue habiendo cosas que no podemos controlar y que simplemente son absurdas. ¿Por qué Dios no se acerca y siente nuestro dolor y comparte nuestra lucha?

"¡Oh, si rasgaras los cielos y descendieras!", exclamó Isaías (Is 64:1).

"¡Amén!", dice Qohélet.

"¡No te preocupes, lo haré!", dice una voz apacible desde el trono celestial.

Qohélet no sabía casi nada de que eso era exactamente lo que Dios quería hacer. Dios había decidido entrar en este mundo loco, caído, desconcertante y exasperante que Qohélet describe de manera tan cruda y honesta. Dios se iba a someter a todas las limitaciones y frustraciones de una vida genuinamente humana, desde un nacimiento y una infancia vulnerables hasta una muerte ignominiosa e injusta. Dios vería por sí mismo en carne humana toda la maldad, la injusticia, el sufrimiento, el conflicto, la frustración y las preguntas agónicas de la gente común mientras vivía y trabajaba entre ellos.

La encarnación es la manera de decirle Dios a Qohélet: "Sé exactamente lo que quieres decir. Yo también he estado allí".

No sabía nada de la cruz y la resurrección

Como hemos dicho antes, Qohélet se queja de que muchas veces "hay hombres justos a quienes les va como si fueran malvados" (8:14). Pero mientras que él lo ve como un buen ejemplo de *hebel* absurdo, Dios ya había planeado convertirlo en el acto salvador central para la humanidad en la cruz de Cristo. Dios mismo soportaría la máxima injusticia y derrotaría al mayor enemigo: la misma muerte. Para Qohélet la muerte hace que todo en la vida pierda su sentido. Pero para Pablo, la muerte de Cristo y su resurrección de entre los muertos eliminan el *hebel* para siempre –especialmente el *hebel* de la muerte– y nos traen vida en toda su abundancia eterna.

Pablo estará de acuerdo con Qohélet en que el mundo ciertamente ha sido sometido a "frustración" (Rm 8:20). Y deliberadamente, creo, Pablo usa la misma palabra, *mataiotēs*, que la traducción griega de Eclesiastés usó para *hebel*. Pero la esperanza del evangelio convierte ese gemido de frustración en anhelante esperanza.

Esta es la magnífica respuesta del evangelio al problema más profundo de Qohélet. Es la buena noticia liberadora y redentora para toda la creación. ¿No le hubiera encantado a Qohélet leer esto? ¿No te parece?

[18] De hecho, considero que en nada se comparan los sufrimientos actuales con la gloria que habrá de revelarse a nosotros. [19] La creación aguarda con ansiedad la revelación de los hijos de Dios,

²⁰ pues fue sometida a la frustración, no por su propia voluntad, sino por la del que así lo dispuso. Pero queda la firme esperanza ²¹ de que la creación misma ha de ser liberada de la corrupción que la esclaviza, para así alcanzar la gloriosa libertad de los hijos de Dios.

²² Sabemos que toda la creación todavía gime a una, como si tuviera dolores de parto. ²³ Y no solo ella, sino también nosotros mismos, que tenemos las primicias del Espíritu, gemimos interiormente, mientras aguardamos nuestra adopción como hijos, es decir, la redención de nuestro cuerpo. ²⁴ Porque en esa esperanza fuimos salvados. Pero esperar lo que ya se ve no es esperanza. ¿Quién espera lo que ya ve? ²⁵ Pero si esperamos lo que todavía no vemos, en la espera mostramos nuestra constancia. (Rm 8:18-25).

No sabía nada de la nueva creación prometida

Bueno, lo cierto es que podría haber tenido alguna idea de ello por los salmos y los profetas, especialmente en palabras tan explícitas como las de Isaías:

> ¹⁷ Presten atención, que estoy por crear
> un cielo nuevo y una tierra nueva.
> No volverán a mencionarse las cosas pasadas
> ni se traerán a la memoria.
> ¹⁸ Alégrense más bien y regocíjense por siempre,
> por lo que estoy a punto de crear:
> Estoy por crear una Jerusalén feliz,
> un pueblo lleno de alegría. (Is 65:17-18).

Pero Qohélet no conocía la gloriosa ampliación de estas palabras que tenemos en Apocalipsis 21-22. Porque ahora podemos esperar el día en que Cristo regrese, cuando Dios se ocupe de todo mal de manera total, definitiva y para siempre; cuando Dios establezca su reino; cuando las naciones redimidas y los reyes de la tierra traigan su gloria y esplendor a la ciudad de Dios; cuando el cielo y la tierra se reunirán como el templo de la nueva creación en la que Dios habitará con su pueblo; cuando nuestra tierra limpia, renovada y reconciliada sea el lugar donde habiten nuestros cuerpos resucitados para reinar con Cristo; cuando no habrá más pecado, tristeza, lágrimas o muerte, no habrá más maldición, ¡ni más *hebel*!

¡Si tan solo Qohélet hubiera podido saber todo eso!

Así, pues, hemos de leer Eclesiastés *a la luz de toda la historia bíblica*. Y al mismo tiempo, hemos de leer la Biblia entera *como una historia que incluye a Eclesiastés*, así como otros libros que son difíciles y provocadores, como Lamentaciones y Job. Dios ha incluido estos libros en todo el canon de las Escrituras con un propósito, y debemos tomarlos en serio dentro del contexto general.

Que consideremos Eclesiastés y a sus reflexiones desconcertantes y conflictivas a la luz del resto de la Biblia *no* significa que simplemente digamos: "OK, vale, no pasa nada. Al final todo se arreglará. Jesús es la respuesta. ¡No te preocupes más!". De ninguna manera, la Biblia incluye a Eclesiastés y lo coloca en una perspectiva más abierta, pero no neutraliza ni elimina su desafiante mensaje.

Porque el hecho es que *seguimos viviendo en el mundo que Qohélet describe y que no podemos entender*. Tenemos que estar de acuerdo con el narrador en que sus observaciones empíricas son ciertas, incluso si sus horizontes son limitados y sus deducciones a veces cuestionables. Además, en nuestra cultura estamos rodeados de personas que son sensibles a las preguntas agudas que hace y la confusión que siente. Mucha gente ha dicho que Eclesiastés les parece un libro sorprendentemente "moderno", incluso "posmoderno". Dice lo que mucha gente piensa y dice hoy. Gran parte de lo que desconcertaba u ofendía a Qohélet en su mundo tiene el mismo efecto para la mayoría de las personas pensantes de hoy en día.

Vivimos en un mundo en el que gran parte de nuestra experiencia desafía profundamente todos nuestros intentos de

CONCLUSIÓN

darle sentido. Incluso cuando prestamos atención al consejo bíblicamente justificado de Qohélet de seguir adelante y disfrutar de todo lo que la vida nos brinda en forma de trabajo, comida y bebida, sexo, matrimonio y relaciones satisfactorias, agonizamos por los desconcertantes misterios y miserias de nuestro planeta. Y muchos en nuestra cultura simplemente fluctúan entre los dos polos de Qohélet, entre una afirmación hedonista de la vida –disfruta de ella mientras puedas– y un sentido nihilista de resignación ante la nada y la inutilidad de nuestra desaparición final –¿valió acaso la pena estar vivo en este mundo?

Si somos honestos, incluso como cristianos, también nos acordamos muchas veces del sentir de Eclesiastés. Esas mismas cosas en nuestro mundo nos desconciertan y nos enfadan *mucho más*, pues sabemos mucho más sobre el amor, la justicia y la compasión de Dios, el Dios supremamente revelado en Jesucristo. Si Dios es *así*, ¿por qué el mundo es *de aquella manera*? ¿Cómo podemos soportarlo? *¿Cómo puede Dios soportarlo?* ¿Hasta cuándo, Señor, hasta cuándo?

Por tanto, debemos tomarnos en serio el Eclesiastés. Lo que nos dice es parte de la palabra de Dios. Es una palabra inquietante. Una palabra de verdad.

Pero no es la última palabra.

Porque la palabra final será siempre y únicamente la Palabra que estaba en el principio con Dios y se hizo carne en Jesús de Nazaret, pues Dios estaba en Cristo reconciliando consigo al mundo, y en quien Dios finalmente llevará a toda la creación a la reconciliación, a la rectificación y a la unidad.

ÍNDICE DE ESCRITURAS

Génesis	
1	*58, 65*
1–2	*24, 44, 47, 52, 77, 82, 85, 102, 108*
1–3	*122, 128, 166*
1:4–31	*45*
1:24	*168*
1:30	*73*
2	*106*
2:7	*72, 73, 167*
3	*24, 28, 47, 51, 72, 77, 82, 85, 102, 108, 116, 129, 178*
3:15	*178*
3:19	*72, 167*
6:5	*141*
6:17	*72, 73, 168*
7:15	*73*
7:15–16	*168*
7:22	*72, 73*
7:22–23	*168*
9:1–1	*178*
12:1–3	*178*
18:25	*70, 79, 175*

Levítico	
19:2	*119*

Deuteronomio	
5:29	*63*
6:2	*63*
8	*165*
10:12	*63*
13:4	*63*
14:23	*63*
17:18-19	*63*
23:21-23	*96*
28-30	*118*

1 Samuel	
2:6	*74*
8:10–18	*92*
15:22	*95*

2 Crónicas	
26:15	*128*

Job	
1:1	*63*
1:8	*63, 172*
2:3	*172*
3	*104*
3:3–5	*68*
3:11–13	*16, 104*
19:25–27	*74*
28:28	*63*
34:14–15	*73*
42:7–8	*172*

Salmos	
1:1	*93*
10	*79*
12:1–2	*14*
13:2	*14*
16	*178*
16:9–11	*47, 74*
33	*70*
33:10 –11	*34*
33:10 –15	*79*
33:13 –15	*70*
37	*178*
37:25	*178*
49	*74*
49:7–15	*75*
73	*97, 118, 178*

73:16	97	15:16	63, 115	1:12–2:23	52
73:17	97	17:5	67	1:12–2:26	22
90	32	17:15	134	1:13	35, 52, 137
90:2	78	19:23	63		
94	94	22:1	113	1:13b–15	36
96	64	22:22–23	67	1:14	37
96:4–10	34	23:17	63	1:15	37
96:10–13	176	23:19–21,		1:16	20
98	64	29–35	42	1:16–18	38
104:26	39	24:30–34	147	1:16–2:11	54
104:29	72	28:19	147	1:18	38
104:29–30	168	31:4–5	42	2	20
119	93	31:30	63	2:1	39
				2:1–2	39
Proverbios		**Eclesiastés**		2:3	35, 40
1–9	124, 152, 163	1	20	2:4–11	43
		1–2	20	2:9	35
1:7	36, 63	1:1	20, 166	2:10	44
2:5	63	1:1–3	25	2:11	45
3:7	63	1:1–11	19	2:12	35, 45
4:10-19	93	1:1–2:26	25	2:12–14[a]	46
5	124	1:2	45, 170, 171	2:12–23	45
6	124			2:13–14[a]	46
6:6–11	147	1:3	22, 28, 45, 49, 51, 54, 59, 84, 101, 106	2:14–16	72
7	124			2:14[a]	46
8:13	63			2:14[b]–15	50
8:30	39			2:14b–16	46
9:1–12	125			2:15	47
9:10	63	1:4	31, 32	2:16	47
9:13–18	125	1:4–11	31, 57, 63	2:17–18	54
10	148	1:5–6	32	2:17–21	48
10:7	48	1:7–8	32, 33	2:17–23	50
12:24	27, 147	1:9–10	32	2:22	28, 49
14:26	63	1:11	32	2:22–23	53
14:30	84	1:12	19, 20	2:23	49
14:31	67	1:12–15	35	2:24	44
15	118	1:12–2:11	34	2:24–25	53, 54

2:24–26	*50, 52, 65*	3:16–22	*65*	5:1–7	*92, 109, 141*
2:26	*52*	3:16–4:3	*80*		
3	*55*	3:17	*69, 70, 76, 80, 168, 175*	5:4–7	*96*
3:1	*56*			5:7	*96*
3:1–8	*56, 80, 163*			5:8	*90*
		3:18	*37*	5:8–9	*88, 90, 97, 102*
3:1–15	*56*	3:18–20	*69, 71, 72, 76, 78*		
3:1–4:3	*55*			5:8–17	*102*
3:2	*56*	3:18–21	*76*	5:9	*91*
3:2–8	*63*	3:19–20	*71, 72*	5:10	*98, 99, 109*
3:2b	*57*	3:19–21	*47, 80, 168*		
3:3	*56*			5:10–12	*98*
3:3b	*57*	3:21	*73, 75, 76*	5:10–17	*98, 103*
3:4	*57*	3:22	*44, 50, 76, 77*	5:10–6:12	*97*
3:5a	*57*			5:11	*99*
3:5b	*57*	3:22a	*77*	5:12	*99*
3:6	*57*	4	*66*	5:13	*98*
3:7b	*57*	4:1	*102*	5:13–15	*100*
3:8a	*57*	4:1–2	*67*	5:15–17	*47*
3:9	*28, 59*	4:1–3	*65, 67, 71, 78, 90*	5:16	*28, 97, 98, 101*
3:9–10	*76*				
3:9–11	*37*	4:2–3	*68*	5:16–17	*101*
3:10	*59*	4:4	*83*	5:17	*97, 102*
3:10–11	*65*	4:4–6	*83*	5:18	*44, 98, 101, 102*
3:11	*60, 76, 165*	4:4–8	*108*		
		4:4–12	*82, 83*	5:18–20	*50, 98, 101*
3:11a		4:4–6:12	*81*		
3:11b	*76*	4:5	*84*	5:19	*102, 109*
3:12–13	*64, 76, 77*	4:6	*85*	5:20	*103*
3:12–14	*50*	4:6b	*85*	6	*103*
3:12–15	*60, 63, 65*	4:7–8	*86*	6:1–2	*37, 103*
3:13	*44*	4:7–12	*85*	6:1–12	*98, 103*
3:14	*63*	4:8	*88*	6:2	*98*
3:14–15	*76*	4:9–12	*87, 88*	6:3	*106*
3:14b	*63*	4:13–16	*88, 89*	6:3–6	*104*
3:15	*64*	5:1	*93*	6:6	*104*
3:16	*67, 76, 78*	5:1–3	*93*	6:7–8	*105*

6:9	*105*	7:18	*119*	8:15	*50, 136*
6:9a	*106*	7:19	*120*	8:16	*36, 137*
6:9b	*106*	7:20	*120*	8:16–17	*137*
6:10	*106*	7:21–22	*121*	8:17	*137, 165*
6:11	*106*	7:23	*126, 127*	9	*35, 130*
6:12	*82, 107, 112*	7:23–25	*122*	9:1	*37*
		7:23–29	*36, 121*	9:1–2	*120*
7	*130, 131*	7:25	*122, 123, 125*	9:1–3	*163*
7:1	*113*			9:1–6	*47, 138, 139, 143, 144*
7:1–6	*112*	7:26	*123, 124, 127*		
7:1–10	*149*				
7:1–14	*112*	7:27	*19, 123, 126, 171*	9:1–12	*138*
7:1–29	*112*			9:1a	*139*
7:1–9:16	*111*	7:28	*124, 126*	9:2	*140*
7:1a	*113*	7:28b	*127*	9:3	*141, 142*
7:1b–2	*113*	7:29	*116, 127, 128, 130, 145, 160, 165*	9:4	*155*
7:3	*113*			9:5–6	*141, 155*
7:4	*114*			9:5a	*141*
7:4–6	*114*			9:7–10	*50, 143, 144*
7:5	*114*	8	*130*		
7:7	*112, 114*	8:1	*131, 138*	9:9b	*145*
7:8	*114*	8:1–9	*131, 149*	9:10	*123*
7:8–10	*112*	8:1–17	*131*	9:10b	*145*
7:9	*113*	8:1a	*138*	9:11	*146*
7:10	*114, 144*	8:2	*132*	9:11–12	*146*
7:11	*115*	8:2–9	*132*	9:12	*147*
7:11–12	*112*	8:3–4	*132*	9:13–16	*148*
7:12	*112*	8:5–6	*132*	9:17–18	*154*
7:12a	*115*	8:7–9	*132*	9:17–18a	*54*
7:13	*116, 128*	8:10	*133*	9:17–10:7	*154*
7:13–14	*37, 125*	8:10–14	*133*	9:17–11:6	*152, 153*
7:13–18	*128*	8:10–15	*133*	9:17–12:14	*151*
7:14	*117, 149*	8:11	*133*	9:18b	*154*
7:15	*118*	8:12	*133, 134*	10	*154*
7:15–22	*118*	8:13	*133, 134*	10:1	*154*
7:16	*119, 120*	8:14	*134, 135, 136, 180*	10:1–11:6	*176*
7:16–18	*119, 121*			10:2–3	*154*
7:17	*119, 120*	8:14a	*134*	10:4	*155*

Índice de Escrituras

10:5–6	*155*	11:9b	*163, 166,*	**Jeremías**	
10:7	*155*		*175*	7	*94*
10:8	*156*	11:10	*162*	7:3–11	*94*
10:8–15	*155*	12	*35, 166*	17:9	*141*
10:9	*156*	12:1	*166, 169*	18:7–10	*34*
10:10–11	*156*	12:1–7	*151, 162,*	18:18	*15*
10:12–15	*156*		*164, 168,*	20:18	*68*
10:14b	*156*		*170, 176*		
10:15	*156*	12:1a	*165*	**Ezequiel**	
10:16–17	*157*	12:2–7	*167*	16:49	*99*
10:16–20	*156, 157*	12:7	*74, 167,*	22:6–12	*67*
10:17	*157*		*169*		
10:18	*157*	12:8	*19, 151,*	**Amós**	
10:19	*157*		*170, 174,*	2:6–7	*67*
10:19c	*157*		*176*		
10:20	*158*	12:8–14	*19, 151,*	**Mateo**	
11	*158*		*170, 171*	6:33	*80*
11-12	*20*	12:9	*170*	10:29–31	*68*
11:1	*159*	12:9–10	*151, 172*		
11:1–6	*158*	12:9–11	*152*	**Marcos**	
11:1–12:7	*171*	12:9–12	*18, 172*	8:36	*84*
11:2a	*159*	12:11	*172*	**Lucas**	
11:2b	*159*	12:12	*173*	12:35–48	*160*
11:3a	*159*	12:13	*36, 120,*	16:19–31	*99*
11:3b–4	*159*		*165, 166,*		
11:5	*159, 160*		*169, 174*	**Juan**	
11:5a	*159*	12:13 –14	*174, 175,*	9:4	*144*
11:5b	*159*		*176*		
11:6	*160*	12:14	*175*	**Romanos**	
11:7	*161*			3:10	*120*
11:7–10	*50*	**Isaías**		8:18–25	*37, 181*
11:7–12:7	*161*	40:22–24	*34*	8:19–21	*176*
11:8a	*161*	41:21–29	*34*	8:20	*116, 180*
11:8b	*161, 162*	45:21–25	*71*	8:28	*117*
11:8–9	*176*	53:4–6	*135*		
11:9	*168*	58:6–10	*67*	**1 Corintios**	
11:9–10	*162*	64:1	*179*	3:5–15	*160*
11:9a	*162*	65:17–18	*181*	15:58	*49*

189

2 Corintios		**Colosenses**		**2 Timoteo**	
5:21	*135*	3:17, 23	*164*	4:2	*160*

Efesios		**1 Tesalonicenses**		**Apocalipsis**	
5:15–16	*144*	5:16–19	*164*	18–20	*176*
5:16	*160*			20–22	*79*
6:13	*148*	**1 Timoteo**		21	*176*
Filipenses		4:2–5	*102*	21–22	*181*
1:21–22	*144*	4:4	*79*		
4:4–8	*164*	6:10	*99*		

ÍNDICE TEMÁTICO

Abraham, *70, 165, 166, 178*
accidentes, *24, 155*
actos y sus consecuencias, ley de los, *156*
acuérdate, *161, 164, 165, 169*
adoración, culto, *95*
   antídoto para la depresión, *97*
   hacer promesas en la/el, *96*
   importancia de escuchar en la/el, *95*
alégrate, Ver *disfruta*.
alma, *73, 82, 88, 155*
aprendizaje académico, *153*
ascenso [absorción] capilar, *92*

bajo el sol, significado, *30*
burla, *67*

caída, la, *128, 129*
carácter-consecuencia, principio del, *147*
Casa Adobe, *136*
comunidad, importancia de la, *87*
creación
   buena, *37, 39, 45, 52, 79, 102, 128, 130, 166*
   más allá de nuestra comprensión, *59, 106, 122, 159*
   orden y equilibrio de la, *56, 58*

David, *20, 74, 89, 166*
DeBorst, Jim Padilla, *136*
   DeBorst, Ruth Padilla, *136*
descanso, beneficios, *15, 45, 85*
dinero. Ver *riqueza, bienes*
   introducción a la investigación, *13*
   frustración frente burla, *67, 163*
Dios,
   bondad de la creación, y la, *18, 50, 107, 128*
   culpable de lo absurdo de la vida, *9, 26, 37, 108, 130, 134, 135, 155, 180*
   derecho a preguntar a, *179*
   gobierna el tiempo, *63*
   gobierno, beneficios del que es sabio, *63*
   importancia de acordarnos de, *9, 15, 96, 119, 120, 133, 134, 170*
   injusticia, y la, *69, 135*

juez, *69, 71, 135, 163, 168*
justicia de, *135*
justo, *70, 71, 135, 169, 175*
opresión, y la, *67, 68, 69, 79*
preservador de la diferencia entre sabiduría y necedad, *115, 116, 125, 152, 154*
solo él ve el panorama completo, *61, 63, 179, 180*
temor de Dios, *63, 96, 115, 120, 125, 126, 134, 153, 169, 174*
vida bajo control soberano, *18, 37*
disfruta, *45*
Doña Locura, *124, 125*

Eclesiastés, libro de,
a la luz del Antiguo Testamento, *15*
a la luz del Nuevo Testamento, *169*
brechas, simas, en, *23, 76, 173*
carpe diem, momentos de, *76*
como una búsqueda, *11, 33, 38, 39, 51, 113*
contradicciones en, *23, 80, 81, 88, 105*
cuestión clave de, *21, 22*
dado por Dios, *44*
fecha de datación, *94*
inclusión en la Biblia, significado de su, *20*
ironía en, *23, 41, 126, 142, 146, 192*
juegos de palabras en, *128*
lenguaje del, *26, 51, 79, 125, 146, 160*
método del, *23*
paradojas en, *23, 149*
paralelismos en, *127*
poemas en,
tema central *31, 63*
de, voces del, *10, 15, 67, 79*
encarnación, la, *179, 180*
envidia, *83, 84*
escatología, *34*
escuchar, importancia de, *80, 191*
espíritu
en los humanos y los animales, *73, 74, 113, 167*
frente a alma, *73, 82*
eternidad, *56, 59*
Éxodo, *63, 71, 165, 192*
fe, cuestionada, *16*
frustración frente a risa, *39, 102, 180*

Habacuc, *16, 17*
hebel
no definitivo, *73*
resultado de la observación empírica, *33, 182*
significado, *26, 33, 182*
solo, *27, 73*
trabajo como, *29, 48, 86, 87, 88*
vida como, la, *27*
hedonismo, *40, 41, 50*
heshbon, 123, 128
hishebonoth, 128
honesto, *9, 157*

idolatría, *83, 129*
injusticia, *7, 10, 24, 53, 55, 57,*
　　59, 61, 63, 65, 66, 67, 68, 69,
　　71, 73, 75, 76, 77, 79, 80, 90,
　　97, 102, 133, 135, 136, 142,
　　155, 178, 180

Jesús
　　el justo que recibe el castigo
　　　　que el impío merece,
　　　　135, 181, 184
　　fuente de esperanza para la
　　　　humanidad, *180, 181,*
　　　　183, 184
　　palabra final, *183, 184*
　　juventud, *162, 163, 164, 165*

legado, *9, 14, 15, 47, 107, 120,*
　　121, 122, 130, 138, 149, 171

narrador, el
　　como autor o narrador del
　　　　Eclesiastés, *19, 20, 21 172*
　　importancia de acordarse de
　　　　Dios, *9, 15, 96, 119, 120,*
　　　　133, 134, 170
　　introducción de la
　　　　investigación, *13*
　　veredicto final de, *152, 170,*
　　　　172, 176,183
necedad
　　controlada, *41, 125, 154*
　　cuando gobierna la, *41, 125,*
　　　　154
　　frente a sabiduría, *41, 119,*
　　　　125, 154
　　papel de los accidentes en,
　　　　156

nostalgia, *114*

opresión, *67, 68, 79, 80, 90, 102*
orgullo, frente a paciencia, *114,*
　　154
paciencia, frente a orgullo, *114,*
　　154
pereza, *27, 157*
poema
　　en Eclesiastés, *31, 32, 33,*
　　　　55, 56, 57, 59, 63, 64, 69,
　　　　74, 76, 146, 151, 163,
　　　　167, 168, 169, 170
　　quiástico o concéntrico, *31,*
　　　　32
　　estructura de, *31, 32*
política, *8, 81, 83, 85, 87, 88, 89,*
　　91, 93, 95, 97, 99, 101, 103,
　　105, 107, 109, 131, 132

Qohélet, *1, 2, 11, 15, 16, 17, 18,*
　　19, 20, 21, 22, 24, 27, 28, 29,
　　31, 33, 34, 35, 36, 37, 39, 40,
　　41, 42, 44, 45, 47, 48, 49, 50,
　　51, 52, 53, 54, 55, 59, 60, 61,
　　63, 64, 65, 66, 67, 68, 69, 70,
　　71, 72, 73, 74, 75, 76, 77, 79,
　　80, 81, 82, 83, 84, 85, 86, 87,
　　88, 89, 90, 91, 92, 93, 94, 95,
　　96, 97, 98, 99, 100, 101, 102,
　　103, 104, 105, 106, 107, 108,
　　109, 111, 112, 113, 114, 115,
　　116, 117, 118, 119, 120, 122,
　　123, 124, 125, 126, 128, 129,
　　130, 131, 134, 135, 136, 137,
　　138, 139, 140, 141, 142, 143,
　　144, 145, 146, 147, 148, 149,
　　151, 152, 153, 156, 157, 159,

160, 161, 162, 163, 165, 166,
167, 168, 169, 171, 172, 173,
174, 175, 176, 177, 178, 179,
180, 181, 182, 183
adoración, y la, 94, 95, 96,
   97, 108, 109
culpa a Dios por lo absurdo
   de la vida, 36, 37, 66, 68,
   71, 72, 179, 180
desconcierto de, 52, 53, 105,
   106, 151, 152, 171, 172
fe, su, 16, 17, 52, 53, 97, 171
hedonismo, su, 37, 38, 39,
   50, 143, 161
humildad, su, 111, 114, 171
ideas sobre la sabiduría, sus,
   36, 37, 114, 171
legado, 47, 49
muerte, fin de la, 138, 141,
   169
nihilismo, su, 17, 25, 34, 141
observación empírica, su, 17,
   33, 36, 40, 71
posibilismo, 160
política, y la, 67, 89, 149
quién es, 18, 20, 21, 35
riquezas, bienes, las 98, 100,
   156
sabiduría, su, 37, 38, 115,
   151
Salomón, y, 20, 34, 43
seres humanos como
   responsables de lo
   absurdo de la vida, los,
   129
significado, 35, 51, 170
trabajo es bueno, el, 82, 85, 86

veredicto final, su, 152, 170,
   172, 176, 183

reputación, importancia de la,
   47, 113
riqueza, bienes, 8, 81, 97
   ascenso por capilaridad,
      corruptibilidad de, 83,
      89, 92, 97
   don de Dios, 64, 98, 101,
      136 fuerza de, 97
   inversión, 100, 196
   no fiable, 97
   no satisfactoria, 43, 86
   teoría del goteo de la, 92

sabiduría
   como deleite pleno en el
      mundo, 39
   corruptible, 115
   de Qohélet, 36, 115, 126,
      149, 153
   dinero, y el, 99, 114, 116,
      157
   Doña Sabiduría, 124, 126,
      153
   dualismo en la tradición
      de la, 152, 153
   falta de valor duradero, 148
   frente a la necedad, 46, 126,
      153, 155
   la muerte
   como erosionadora, 47, 73,
      141, 149
   papel de los accidentes en la,
      149, 156
   recibida, 116, 153

temor del Señor, y el, *96,
153, 174*
todo en su tiempo, y, *56, 58,
60*
vida impredecible, y la, *147,
149, 153*
Salomón, *20, 45*
Sinaí, *166*
soledad, *85, 102*

teleología, *34* teodicea, *118*
teoría del goteo, *92*
tiempo
    límites, sus, *58, 62*
    orígenes del, *60, 62*
    para todo hay, *56, 58, 60, 62*
    parte de la creación de Dios,
      58, 62, 63
    todo tiene su, *55, 56, 58, 61*
tiranía, *131*
trabajo
    competencia en el, *83, 84,
      85, 86, 87*
    dimensión de nuestro papel
      como, *29, 82, 86*
    imagen de Dios, *29, 30, 44*
    bueno, *29, 44, 83, 98*
    ídolo, como, *87, 88, 89*
    soledad del, *29, 84, 87, 88*
    sin sentido, absurdo, *29, 48,
      86, 88, 106*
    aspectos negativos del, *28,
      36, 48, 86, 87, 88, 102*
    medio de encontrar
      significado en la vida, *29,
      50, 87, 88*

vanidad, *11, 26, 27, 35, 37, 39,
43, 46, 48, 49, 50, 71, 83, 85,
86, 89, 96, 98, 103, 105, 106,
114, 116, 133, 134, 143, 145,
161, 163, 170*
vida
    absurda, sin sentido, *27, 35,
      49, 104, 135*
    aliento de, *74, 168*
    buena, *50, 102, 135, 144,
      162*
    circularidad de, *32, 34, 57,
      169*
    controlada por Dios, *34, 62,
      63, 65, 69*
    injusta, *66, 69, 135, 157*
    estudio académico, como
      medio de encontrar
      sentido a la vida, *38, 153*
    hedonismo como medio de
      encontrar sentido a la, *40,
      41, 50*
    locura controlada como medio
      de encontrar sentido a la, *40*
    importancia de disfrutar de
      la, *50, 102, 135, 144, 162*
    impredecible, *147, 160*
    inexorables ritmos de, *58, 60*
    trabajo como medio de
      encontrar sentido a la, *29,
      50, 87, 88*